JN104940

フッサール
志向性の哲学

HUSSERL'S
PHILOSOPHY OF INTENTIONALITY
TOMIYAMA YUTAKA

富山豊

青土社

フッサール　志向性の哲学　　目次

フッサール　志向性の哲学

凡例

・フッサールのテクストのうち、Husserliana からの引用は慣例に従い Hua の略号とローマ数字による巻数で示し、邦訳のあるものについてはそのあとに邦訳の書名と頁数を付記した。Husserliana Materialienbände からの引用も同様に Hua Mat. の略号とローマ数字による巻数で示した。

・フッサールの伝記的事実に関する記述は Husserliana Dokumente の第1巻に収録されている *Husserl-Chronik: Denk- und Lebensweg Edmund Husserls* に依拠しており、参照の際は Hua Dok. I の略号を用いた。

・その他の著者の著作については著者名と出版年による参照を基本とし、詳しい書誌情報は巻末の文献表に記した。なお、入門書としても広く読んでいただきたいという本書の性格を顧慮し、邦訳のあるものについては原則として邦訳の頁数を記した。ただしカントの『純粋理性批判』からの引用は邦訳が多数存在することに鑑み、慣例に従い原書第一版／第二版の頁数を「A ○○／B ○○」で記す表記法を併記している。

序章

経験する「生」の本性としての志向性

第一節　人は「何か」を経験せずに生きてはいけない

「人はひとりでは生きていけない」とよく言われる。もちろん、人間は自然界ではさほど身体の強靭な種族ではないし、自ら食料を探し、危険を避けられるようになるまでに異例なほど長い期間を要する生き物ではある。しかし、本書が主題とするのはそのようなことではない。たとえ自らの力で食料を探し、危険を避ける能力を持っていたとしても、その能力を行使するためには我々はいま自分のもとにはない食料を頭に思い浮かべ、それを探しに向かい、その過程で様々なものに出会い、それが何であるのかを認識しなければならない。生きている限り我々は常に「自分ではないもの」、「自分のもとにはないもの」へと向かい、それらを知り、それらに関わりながら生きている。

我々の「生」が何かへと向かい、何かに関わるというこの「方向性」を持った在り方は「志向性」と呼ばれる。生きていく上で我々が周囲を探索し、自分が暮らす世界の中の様々な物事について知っていくことを考えるなら、志向性とはこの「知」が何かに「ついて」のものであることと言い換えてもよい。我々が周囲の物事を経験し、それらについて何事かを知り、そうして様々な事柄に対処して初めて生きていけることを考えるなら、志向性はその一連の出来事を支える基礎である。他方で、「生」と「知」の双方へのこの関わりから、「志向性」は我々ひとりひとりの生を理解する鍵であるとともに、我々が獲得し、社会の中で伝達し、歴史の中で蓄積する知識あるいは学問の礎でもある。哲学の歴史の中でこの概念の重要性に気づき、二〇世紀初頭に「現象学」と呼ばれる哲学の方法論を立ち上げて志向性の理論を展開したのがエトムント・フッサール（一八五九―一九三八）という哲学者である。フッサールの思考は「志向性」概念の持つこの「生」と「知」の二側面性のゆえに、ハイデガー、サルトル、メルロー＝ポンティらを介して実存主義や生の哲学の潮流に大きな影響を与えるとともに、諸学問の基礎づけや相互関係に関する学問論的考察、より広く伝統的には認識論や知識論、論理学と呼ばれていた系譜の内に位置づいている。かくして、フッサールの現象学と志向性の理論は現代思想と現代哲学の広汎な領域にその基礎を与えているのである。それゆえ志向性について理解することは人間の生や経験の在り方に直接関心を持つ読者のみならず、およそあらゆる学問的知識の内のいずれかひとつにでも関心を持つ読者にとって、共通に有意義なものでありうる。

我々の「生」の持つ「志向性」との関係についてもう少し述べよう。学問や「知」についてはともかく、我々の「生」について志向性がそれほど本質的だとは思われないかもしれない。確かに我々は事実として様々な危険に晒され、主として食物や水分を摂取するために多かれ少なかれ自ら探索し、行動する必要がある。しかしそれでも、比較的危険のない環境に置かれ、たとえば点滴から栄養を摂取しているような状況でも、それでも生きているとは言えるだろう。ベッドの上で目を閉じてひとり物思いに耽る日々でも、いや、それどころか昏睡状態で思考も感情も抱けない状態ですら、それでも身体は生きている。そうであるならば、自分自身とは異なる周囲の物事を経験し、それについて知るという志向性の働きがなくとも、我々の「生」は「生」でありうるのではないだろうか。

確かに、カーテンに閉ざされた病室の中でひとりベッドに横たわる日々でも、我々は生きている。目を開けて病室の中を見回し、巡回に来た看護師と会話をすることができるなら、もちろんそこには志向性の働きが見出される。さらに、たとえ誰も会いに来ない暗闇の中、目を閉じてひとり物思いに耽るあいだも、我々はやはり生きている。もしその思いがかつて見た美しい景色や、かつて語り合った友の姿に向かっているのなら、そのときにはやはりその思考には志向性が働いていると言ってよいだろう。ひとり目を閉じて思い浮かべただけの姿を介しても、この志向性が紛れもなくかつて見た景色や友という「対象そのもの」に向かっていると言える理由はのちに検討する。

だが、こうした場合には志向性が働いていることを認めたとしても、ただ自分自身の境遇だけを思い、あるいは無為に過ぎていく時間だけを漠然と感じ、寂寥や自嘲の念だけが浮かんでは消えていく場合はどうだろう。「ああ、どうしてこんな人生になってしまったのだろう」、「だがこんな思いに浸ったところで、何も解決はしない」、「こんなとりとめのない思考以外に、暇を潰すことすらできないなんて」。だがこうした思考のさなかにすら、この思考は己自身を抜け出ている。初めに

「ああ、どうしてこんな人生になってしまったのだろう」と思ったとき、「こんな人生」とはこの瞬間のこの思考自身のことではない。いまこの思考は、この思考自身を超えて、それよりもはるかに長い幅を持った己の人生について考えている。続いて「だがこんな思いに浸ったところで、何も解決はしない」と思ったとき、「こんな思い」とは先程まで考えていた直前の思考を指している。この思考についてさらに考えを巡らそうとする新たな思考は、先程の思考そのものではない。先程の思考はもはや過ぎ去り、いま新たに浮かんだ思考は過ぎ去ったその思考について考えている。この新たな思考は、またも自分自身ではないものについて考え、その対象である過去の思考へと向かっている。何かを考えようとした瞬間、その考えられた内容はその思考自身を抜け出していく。

この事情はいま取り上げたような、明確な言葉を伴った思考の場合だけではない。ただ漠然と、言葉にもならない曖昧な意識の中で時間の経過だけを感じるとき、いまこの瞬間の意識はそれだけで自足しているわけではない。曖昧な退屈さと物寂しさを感じ、それがただ続いていく時の流れに浸るとき、もしこの瞬間の退屈さと物寂しさを感じる意識だけがただそれとして存在しているだけだとしたら、そこに時の経過は感じ取れないだろう。時の経過が感じ取れるのは、いま感じている退屈さと物寂しさを生きつつ、その意識が同時に先程も同様の感情を抱いていたことを覚えているとき、つまり先程抱いていた感情について、それが続いていることをいまも意識しているときだけである。もし我々の意識がただその瞬間の感覚や感情だけに尽くされているのなら、我々はその前後の経緯や文脈といったものを意識できないだろう。ただそのつど瞬間の意識だけがあり、それぞれの瞬間はほかの瞬間を知らない。他の瞬間に感じられたこと、思われたことについて後から振り返るということもない。同じ内容、同じ対象について考えを巡らせるということもない。異なる時点で、異なる瞬間の異なる思考が同じ対象について考えるためには、その思考は己自身の外へと抜け出さなければならない。それぞれの思考は互いに離れた瞬間に置かれた別の出来事であって、その内に同じ対象を含み持っているはずはないのだから。つまり、己の生を時間の内で経過するものとして意識すること、そして経過する時間の中で同じ事柄について再度考えたり振り返ったりすること、こうしたことが可能であるためには、我々の生には「自分自身ではない何かに向かい、それについて関わること」としての志向性の働きが備わっていなければならないのである。

こうして考えてくるならば、およそ我々の「生」、あるいは「人生」と呼べるような何かがそこに現れるためには、それを支える志向性の働きは欠くことができないだろう。ついさっきまで自分の意識に何が現れ、いまは何が意識され、漠然とであれ自分の心の中でいったい何が経過してきたのか。そうした意識をまったく持つことなく、ただその瞬間瞬間の感覚の散乱へと解体されてしまったならば、我々はひとりの「自分」として己の生を生きていくことはできない。時間的に経過する履歴を持ち、それを何程か意識しとりまとめて「私の生」と呼べるものを形作るためには、それをつなぐ働きとしての志向性がすべての基礎となっているのである。何かを経験することなしに「生」は「生」としてのその形をとることができない。

だが、少し先を急ぎ過ぎたかもしれない。己ではないものへと抜け出し、かつそれを己へとつなぐ志向性の働きは、確かにその意味においては生の成立のすべてがそこに懸かっている礎ではある。とはいえ、病室の花瓶を目にしてその花瓶についてまさにそれが花瓶であると知ること、同じ「寂しさ」という感情についてそれがずっと持続していることを意識していること、この瞬間の意識の内にも常に一瞬前の意識についての何らかの意識が伴っていること、これらはすべて何かに「ついて」のものではあるにせよ、それぞれに相当に異なった事柄ではあるかもしれない。じっさい、本書でその志向性の理論を検討するフッサールもまた、こうした多様な志向性の働きをはじめから一緒くたにして論じていたわけではない。

第二節　志向性の哲学者　フッサール

フッサールは、哲学を志す前に数学者として学問的キャリアをスタートした人物である。彼の哲学上の関心は、数学や数理的手法を用いた自然科学、あるいは哲学や他の学問が、どのような基礎に基づき、どのような方法論で、どのように我々の生きる現実についての解明を行い、その知識を蓄積していくことができるかという学問論の問題に向けられていた。学問的知識を集成した書物は誰にも読まれず死蔵されていたとしても存在することができるし、学問的成果として発見された法則もまた初めて発見されるよりも以前から成り立っていたものではあるけれども、しかしそれらを発見し、体系的に整理する学問の活動そのものは我々の営む多種多様な経験の内の一コマである。

我々はその過程で様々なことを予想し、それを確かめるために様々なことを見聞きし、仮説に反するような事実がないかを思い返し、新たな反証が現れないことを望む。こうして確証された知識は、あれこれのものがしかじかの性質を持つ、あるいはしかじかの関係に立つという主張、陳述として、学会で主張され、あるいは論文や教科書に記載される。フッサールがまずもって分析の対象としたのは、こうした主張の内容を成すような命題、より正確に言えばその命題内容を真であると判断すること、そしてその内容を確かめる知覚や、仮説の段階でのその内容の予期などの働きである。こうした働きは、我々がそれぞれ特定の時点でそれと意識しつつ経験するものであり、特定の何かについて、それに対してある種の態度をとる我々の心の働きとして現れる。こうした働きをフッサールは「心的作用」、あるいは単に「作用」と呼んでいた。つまり、フッサールがまず分析の対象としたのはこうした個々の作用の持つ志向性である。本書もまた、「志向性」という概念でさしあたりは作用の志向性のことを考えることにしたい。

我々のこうした心の「作用」は、単にその多くが大抵は志向性を持つ、というだけでなく、本質的に志向性を持たざるを得ないように思われる。というのも、たとえば我々は様々な空想上の生物や人物、機械や建築物を頭の中に思い浮かべることができる。巨大な竜を思い浮かべることもできれば、それを空想の中でどんどん小さくしていくこともできる。しかし、どんどん小さくしていった先にそのままその竜を消失させて、「何かを思い浮かべているわけではないがただ「思い浮かべる」という働きだけを維持する」ということができるだろうか。「思い浮かべる」という作用は、必ず「何かを思い浮かべる」ことでしかあり得ないのではないだろうか。同様に、我々は「喉が渇いた、水が欲しい」、「キンキンに冷えたビールが欲しい」といった欲求を持つことはできても、そのままその欲求を「ジョッキ一杯に欲しい」、「いや一口だけでも」と控えめにしていって、やがてその欲求の対象が消失しても「何かを欲しているわけではないが、とにかくただ「欲している」という働きだけを維持する」ということはできないだろう。「できない」というより、何をすればよいのか意味が分からないと言った方が適切かもしれない。何かを欲することなしにただ「欲しい」とだけ強く念じる、それはもはや「欲している」とは言えないだろう。

さらには、愛憎のような感情も志向性を持つと考えられる。誰かを、あるいは何かを愛することはできても、「対象を持たずにただ愛せ」と言われても何をすればよいか途方に暮れるだろう。何かを強く憎むあまりなぜそれを憎んでいたのか忘れてしまう、ということはあるかもしれないが、もし何も憎む対象がなく「何も憎んでいない」のであれば、それは端的に「憎んでいない」のではないだろうか。「何かを憎んでいるわけではないがただ憎んでいる」ということはやはり理解不可能な事柄であるように思われる。

あるいは、何かを事実だと信じる、何かを事実だと仮定するといった知的な働きも志向性を持つと言えるだろう。「冷蔵庫にケーキが入っていると信じる」ことは可能でも、「何かを信じているわけではないがとにかくただ信じている」というのは何をしていることなのか意味不明である。「仮に来月旅行に行くとして」という仮定を行うことはできても、「何をというわけではないがとにかくただ仮定して」と言われても困る。記憶の中から何かを想起するという働きも同様だろう。我々は昨晩の夕食を思い出したり、高校時代の恩師の顔や、幼少期によく遊んだ公園の風景を思い出すことはできても、「何かを思い出すのではなくただ思い出す」という働きだけを遂行することはできない。

こうした仕方で、我々の様々な思考の働きは、ただ経験則として大抵の場合志向性を持つというのではなく、本質的に志向性を持たずには成立し得ないものであるように思われる（とはいえ、漠然とした不安や何となくイライラするなど、志向性を持つのか疑わしいような心の状態もあるのではないかと思う人もいるだろう。こうした疑問には第一章第二節で対応する）。我々は「何かについて」思考を巡らせ、それに対して感情や欲求を持ち、またその実在を信じたり仮定したりする。そしてとりわけ、そうした思考が時を経るごとに過ぎ去って消えてしまうのならば、我々はその一瞬一瞬の刹那の中に閉ざされて生きるしかないだろう。我々は、過去に経験したことについてもあとから振り返ることができるからこそ、一連の流れを持った人生を生きることができる。こうして我々の生の隅々にまで浸透し、その中で何かについて「知る」ということを可能にしている志向性、その本性を探ることこそが本書の主題なのである。

第三節　経験される「何か」は経験から必ずズレていってしまう

前節で確認されたように、我々の思考の様々な作用は本質的に志向性を持ち、つまりその「対象」を持つ。しかし、その「対象」は作用のうちに取り込まれ、完全に我が物とされているわけではない。むしろ、通常我々は決して対象の「すべて」を知ることはない。見慣れた自室の扉ですら「あれ、こんなところに傷があったのか」と気づくことはあり、親しい友人や家族の顔でさえ「こんなところにほくろが」と気づくこともあるだろう。我々はどんなに見慣れたものについて思考し、思い浮かべ、また目の前に直接に知覚しているときでさえも、その隅々に至るまですべてを見通しているわけではない。我々の心は確かに対象へと向かうけれども、対象のすべてを心のうちに収めてしまうわけではないのだ。むしろ、どの角度から対象を眺めたとしても必ず見えなくなる部分があるという意味で、対象はそれを捉える我々の「知」を常に逃れ去ってしまう（このことは、のちに第三章第六節で対象の「超越性」として特徴づける）。

これは必ずしも、三次元の立体は常に見えない影となる部分を持つから、というだけではない。たとえば幾何学で正三角形について考えるとき、その姿は目の前にありありとすべて見えているだろう。この図形の見えていない背面や側面などというものは、ない。しかし、それについて様々な性質が明らかになっていくとき、たとえばその図形が等辺であるだけでなく等角でもあることが明らかになったとき、その対象に「ついて」我々は新たなことを知る。もしある時点で我々が心に捉えた姿がその対象の「すべて」であるなら、それについてあれこれと経験し、様々なことを「知っていく」ということは起こり得ないはずである。我々は様々な人や物に出会い、それらについて様々なことを経験しつつ生を紡いでいくが、それは出会った瞬間にその対象の経験は終わり、新たな対象に出会うたびごとにすべてを使い捨てていくというものではない。むしろ出会われる対象は決してそのつどの経験には尽きないからこそ、それを巡る様々な経験を我々は重ねていくことができるのである。つまり、我々が同じ対象に関わり続けることができるのは、ある意味ではそれが常に何かしらその経験のうちから逃れ去ってしまい、必ずどこか取り零される「ズレ」があるからなのだ。

そもそも、我々は過去を背負い、時にそれを振り返り、未来を見据えて生きている。もしそうした過去や未来についての我々の経験がその対象を尽くしているなら、我々はいまこの瞬間に全人生を生き尽くしてしまっていることになるだろう。我々はもはや時が流れゆく「生」のうちを生きることはできず、ただ全人生を見通す一瞬の「知」のうちに閉ざされることしかできない。我々が「新たな瞬間に出会う」ことができるためには、それまでの経験の中に必ず「未知」のものがなければならないのだ。

そうだとすれば、「志向性」とは決して辿り着けない対象への方向性、決してその手に収め得ないものへと突き進む永遠の渇望のようにも思われる。であるならば、経験はむしろ「対象」は持たないのではないだろうか。経験は対象へ向かおうとしつつ、しかし対象そのものは決して得られない。対象が常に経験を逃れ去ってしまうのであれば、その経験が確かに「その対象に関係している」ということはいかにして保証されるのだろうか。

第四節　それでもその「何か」は経験をつなぐ

しかしそれでも、我々の経験はあてのない感覚や感情、想念の狂乱ではない。我々が「この本の出版年は何年だろうか」と考えるとき、「この本」のすべてがこの思考の中に尽くされているわけではは確かにない。もしそうであるなら出版年が何年であるかも明白なはずだからだ。しかしそれでも、いま出版年を考えているものが目の前のこの本であり、学生時代に図書館の資料室で閲覧したあの巨大な辞書や子供の頃夢中で読んだあの絵本ではなく、ベッドの上に放り出されているあの漫画でもないことは確かである。我々の思考はたとえ対象のすべてをそのうちに取り込み尽くしてはいないとしても、それでも他のあれこれではなく「この対象」についてのものだという方向だけは確かに持っており、だからこそ対象は逃れ去ることが可能なのだ。我々の思考が「この本」についてのものでないなら、経験はいったいどの対象から距離があるというのだろうか。逃れ去り離れることができるためには、何が何から逃れるのかが定まっていなければならないだろう。むしろ「何が対象であるのか」が定まっているからこそ、同じ「それについての」更なる経験が可能になる。

更なる経験によって対象が「既知の姿だけに尽くされるものではなかった」ことが明らかになるからこそ、翻って「かつての経験は、かつての知は対象を尽くしてはいなかった」ことが言えるのである。志向性は確かに対象のすべてを我が物として取り込みはしない。けれども確かにその絆を固有の対象へと繋いでおり、そのゆえに様々な経験を同じ対象についての経験の積み重ねとして結びつけることができるのである。

我々は、目を開け、耳を澄ましているだけで様々なものに出会う。もしも目に飛び込んでくる様々な色合いや音、形や質感、それに伴い心に現れる連想や感傷、そうしたものがそれぞれ「何についてのものなのか」という仕方で区分けされ、あるものは同じ対象についての経験として、あるものは別の対象についての経験として組織されていないならば、我々はただ雑多な感覚と感情の荒れ狂う濁流の中で溺れるほかないだろう。そこでは到底「何か」を経験し、この世界と、その中での様々な人や物に「出会う」ということは決してできない。我々がこの世界の中で様々な物事を知り、経験しながら生きていくことができるのは、その生と知が「志向性」という仕方で組織化されて方向づけられ、対象へと繋がりつつズレ続けるという独特の仕方で運動しているからなのである。本書は、我々の生と知の根底で働き続けるこの独特の運動の在り方を解明しようとするものに他ならない。

第五節　本書の狙いと構成

本書は、フッサールという哲学者が「現象学」というプロジェクトのもとで展開した「志向性」という概念をめぐる議論を特別な予備知識なしに理解できるよう噛み砕いて論じようとするものである。フッサールについて簡単な事実を確認しておこう。エトムント・フッサール（Edmund Husserl）は一八五九年四月八日生まれ、当時のオーストリア領（現チェコ領）のモラヴィア地方出身である（Hua Dok I, p. 1）。当初は数学を専攻し、変分法に関する博士論文で学位を取得（Hua Dok I, p. 10）。ボルツァーノ・ヴァイアーシュトラスの定理で有名な数学者ヴァイアーシュトラスの助手を務める（Hua Dok I, p. 11）。その後、ブレンターノの影響を受けて哲学に転向（Hua Dok I, p. 13）。「数」の概念の哲学的・心理学的な基礎づけに取り組み、教授資格論文「数の概念について」（1887）や『算術の哲学』（1891）を著す（Hua Dok I, p. 21, Hua XII, p. XIII）。しかし、その後一九〇〇年に出版された『論理学研究』第一巻では心理学主義（ないし心理主義）を徹底的に批判し、数学や論理学の扱う対象は心理的なものに還元できないイデア的なものだ、とするいわゆるプラトニズムの立場を主張する。翌一九〇一年の『論理学研究』第二巻では、そうしたイデア的な意味を介した客観的な認識がいかに我々の主観に与えられるのかを心理学主義とは異なった仕方で説明するものとしての「現象学」を宣言する。その後、一九一三年の主著『イデーン』第一巻で現象学の方法論を体系的に論じたほか、多くの著作によって現代哲学の潮流に大きな影響を与えている。

フッサールの現象学というと、哲学に関心のある読者の中には「現象学的還元」や「ノエシス・ノエマ」といった用語を連想する人も多いかもしれない。そうした読者を落胆させてしまうことになるかもしれないが、本書ではこれらの概念についてはほとんど解説していない(終章と、最後の付論と読書案内で軽く触れるにとどまる)。しかし、本を閉じて棚に戻すのは少し待って欲しい。こうした概念について一通りの解説をしてくれる入門書は他にもある。しかし、そうした入門書を何冊か読んでも、なかなか現象学の面白さはわからなかったり、現象学の議論のどこに哲学の議論として目新しいポイントがあるのか、また様々な事象を自分なりに現象学を用いて分析するにはどうすればよいのか、なかなか見当がつかないという想いを経験した読者もいるのではないだろうか。また、たとえば哲学科の学生ならば、入門書でいくつかの用語を覚えても、フッサール自身のテクストを直接読みこなすには何かが足りない、と感じた人もいるかもしれない。本書の狙いは、このギャップを埋めることにある。本書はこれまでの入門書よりも手前から、つまり人口に膾炙した様々な概念が導入されるに至る前に、そもそもフッサールが「志向性」というものをどのように考え、その「意味」と「対象」というものをどのような枠組みで、どのような議論の筋道で分析していったのかということを明らかにする。こうした根本にある枠組み、ものの見方が共有されていなければ、フッサールの用いる様々な用語の通り一遍の解説をいくら覚えてもフッサールのテクストが自分で読めるようにはならない。そしてまた、フッサールのような分析を具体的な事例について自分で行い、フッサールの分析のどの主張がどの程度まで正しいのかを自分で検証したり、フッサールが十分に論じていない領域についての現象学的分析を自ら開拓するということもできるようにはならない。フッサールの開拓した枠組みで自ら考えてみることができるようにならなければ、断片的にフッサールの成果だけを聞きかじってもその本当の面白さはなかなか実感できないものである。それゆえ、本書は既存の様々な入門書・概説書に辿り着くまでのそのギャップを補い、そしてそれによって入門書・概説書のさらにその先、つまりフッサール自身の思索とそのテクストにまで橋渡しをすることを試みる。本書でもフッサールに次いで再三登場する哲学者ダメットに関する本邦では現状ほぼ唯一の入門書である金子洋之氏の『ダメットにたどりつくまで』に敬意を表して言えば、本書の狙いはまさに「フッサールにたどりつくまで」をサポートすることにある。それゆえ、「現象学的還元」や「ノエシス－ノエマ」、あるいは「把持・予持」や「感情移入」といった様々な概念に興味があってフッサールに入門しようとする人にも、本書の語る志向性の基礎理論を理解することは大いに役立つはずである。

本章の構成をあらかじめ予告しておこう。本書は序章を除いて全五章から成る。

第一章では、「志向性」というこの一見当たり前のことにも思われる、取るに足らない概念のように見えるものがなぜことさら哲学の問題になるのか、ということを説明する。我々の意識が志向性を持つということ、それが何によって成立するのかということ、それがある対象についての志向性であって他の対象についてではないということが正確に言って何を意味しているのかということ、これらが決して自明ではないいくつもの謎を提示しているということをこの章で確認する。その際、ひとつの焦点になるのが、我々は存在しない対象について考えることもできるということをどう考えるか、という問題である。

第二章では、志向性の問題を考える上で、ある主張が真であるか偽であるか、という真偽の問題が本質的な仕方で関わっていることを確認する。そのためのキーワードが「意味論的値」であり、この概念の意味するところをダメットらのフレーゲ解釈から解説する。ここでのポイントは、「何についての真偽が問題になっているのか」という点から考えることで、志向性の問題についての見通しが大きく開けるということである。このことがわかるだけで、フッサールのテクストはかなり読み易くなるはずである。

第三章では、意味論的値という観点から見た「対象」概念の理解だけでは志向性の問題は完全には明らかになっていないことを確認し、我々が「意味」を介して対象への関係を獲得するという観点を導入する。そして、ここで言う「意味」を真偽の検証方法として理解することで志向性概念の見通しはさらに開けるだろう。

第四章では、前章で検討した「意味」が我々の頭の中にあるものなのか、それとも客観的で公共的なものなのか、ということを検討する。このことを通じて、主観的な意識体験の記述にもっぱら専念すると言われる「現象学」の哲学者であるフッサールがなぜ数学や論理に対するプラトニズムを主張できるのかということ、そしてそれを可能にしている「対象」概念の眼目がより明瞭な仕方で明らかとなる。それにより、フッサールの現象学がなぜ我々の経験の「対象」そのものを語ることができるのかを明らかにすることができるだろう。

終章では、これらの成果を踏まえてフッサールの「現象学」がどのようなプロジェクトだったのかを振り返る。

第一章

志向性の謎

——思考が何かについてのものであるとはいかなることか

第一節　志向性と「対象」の関係

我々の思考は、「何かについてのものである」という仕方で「志向性」を持つ。この意味で、我々の思考が「それについてのものである」という仕方でその思考の主題となっているもののことを一般に「対象」と呼ぶことにしよう。それゆえ、ここで言う「対象」とはいわゆる「物」には限られない。愛する人について考えているときその対象はその人であるし、数学者が素数について考えているときその対象は素数であり、過ぎし日の思い出について考えているときその対象はその思い出であり、投資家が株価について考えているときその対象は株価である。

また、ここで言う「思考」とは、その対象を単に思い浮かべたり、それについてあれこれと推理するといったこと以外にも、過去のことを思い出したり、これから起こることを予期したり、これから起こって欲しいことを望んだり、誰かを、あるいは何かを愛したり憎んだり、何かについて怒ったり喜んだりといった、これらのこともすべて含んでいる。また、たとえば目の前の机について、それが茶色いこと、四角いこと、等々を目で見て知ること、あるいは聞こえてきた音について、それがピアノの音であること、ドの音であることなどを聞き取ること、つまり五感を用いた知覚もこれに含めることにする（正確に言えば、「これはピアノの音である」は知覚そのものというよりは、知覚に基づく判断かもしれない。いずれにせよ、ここでは聞こえてきた音についてそれがどのような音であるかを感覚を通じて知る、ということも志向性を持つ我々の思考に含めて考えるということである）。こうした、志向性を持つような我々の心の働き、広い意味での「思考」の働き、あるいは経験の働きを「心的作用」、あるいは単に「作用」と呼ぶことにしよう。本章では、こうした「作用」が「対象」についてのものであるということ、特定の対象への方向性を持つということ、この意味で「志向性」を持つということがどのようなことなのかをさらにはっきりと明らかにしたい。

既に序章で述べたように、我々の思考は単に経験則として大抵の場合は志向性を持つというだけでなく、本質的に、必然的に何らかの対象を持つように思われる。フッサールもまた、自身の志向性理論を本格的に展開した最初の著作である『論理学研究』の中で以下のように述べている。

我々が優先的に取り上げるふたつの規定のうちの一方は、心的現象ないし心的作用の本質を直接に明示している。その本質は任意のどの例においても紛れようもなく迫ってくる。知覚においては何かが知覚され、想像表象においては何かが想像的に表象され、言明においては何かが言明され、愛においては何かが愛され、憎しみにおいては何かが憎まれ、熱望においては何かが熱望される等々である。（Hua XIX/1, p. 380、『論理学研究3』p. 164）

フッサールの文章は独自の専門用語が多く、哲学初心者はもちろん、他の分野の哲学書の読み方にはある程度慣れたはずの哲学科の学生などにとっても決して読み易いものではない。とはいえ、フッサールは読者を煙に巻くような捻った書き方や文学的なレトリックに流される曖昧な書き方をするタイプの哲学者ではなく、いくつかの基本的な用語の意味と基本的な考え方の枠組みさえ掴めば十分はっきりと文意が取れるように書かれている。本書はまず何よりも「志向性」という事柄についてのフッサールの基本的なアイデアをそのものとして理解してもらうことを主眼としているが、より深くフッサール現象学を学んでみたいと考える読者のためにフッサールのテクストへの橋渡しもしたいと考えているし、また専門の研究者に対してはここで提示される解釈の証拠として著者なりのテクストの読み方を提示しておかなければならない。そのため、アイデア自体の紹介のためにはむしろコストが増えるとしても、時にこうしたテクストの引用を交え、そこで語られていることをフッサール用語に馴染みのない読者にも理解可能な仕方で述べなおすという作業を行う。初めに引用文だけを見て理解できないと思ったとしても、そこで挫けずに後続の説明と照らして読み返してみて欲しい。

さて、先程の引用文を見てみよう。ここで語られる「ふたつの規定」とは、フッサールの師ブレンターノが心的作用の本質的な規定だと考えたもののうちのふたつであり、その一方が志向性である。もう一方の規定はここではそれほど重要ではないので気にする必要はない。「心的現象」という言い方はここではブレンターノの用語法を念頭に置いており、先に述べた「作用（心的作用）」とここでは同じ意味だと考えて構わない。つまり、ここでは「心的作用の本質は志向性であり、それはどの作用を例にとっても明らかだ」とフッサールは述べている（なお、具体例のうち「想像表象」という用語は耳慣れないかもしれないが、ここでの「表象」はさしあたり「作用」と読み替えて構わない）。

もちろん、「作用」という用語の定義が「志向性を持った心の働き」であるならば、ある意味ではこの主張は無意味な仕方で（つまり同語反復的な仕方で）真である。「志向性を持った心の働きは志向性を持つ」と言われても、それは「面白い哲学書は面白い」と述べているのと同じことである。面白くない哲学書もあるのか、あるいは面白い哲学書と面白くない哲学書はどれくらいの割合なのか、といったことは何も述べていない。さらには、もしこの文を「xが面白い哲学書であるならば、xは面白い」という仕方で読むならば、この主張はそもそも面白い哲学書なんてものが存在するかどうかすら何も述べていないことになる。もし存在すればそれは面白いと述べているだけだからだ。

もちろん、フッサールはここでそうした無意味なことを述べているわけではない。そうではなく、知覚や想像、主張、愛憎や熱望といった心の働きは「本質的」に志向性を持ち、時と場合によって志向性を持ったり持たなかったりする（そしてたまたま志向性を持った場合に「作用」と呼ばれる）というわけではない、と語っている。熱望だからといって志向性を持つとは限らず、つまり「何かについて、その何かを熱望する」のかどうかはわからないが、もしそうした「何かについて」という対象を持てば志向的な心の働きであり、したがって「心的作用」である、というわけではないのだ。熱望することはもしそれが本当に熱望なのであれば本質的に「何かについて、その何かを熱望する」ことでしかあり得ないのであり、「今回の熱望が作用かどうか調べてみましょう」というような状況は起こり得ない。

とはいえ、ここで言う「対象」という言葉には注意が必要である。先にも触れたように、ここで言う「対象」とは必ずしもいわゆる「物」とは限らない。たとえば我々は「カタログで見掛けたこの新しいパソコンが欲しい」、「のどが渇いたのでこの目の前のビールが一刻も早く欲しい」といった仕方で特定の「物」を対象として熱望、願望、欲求（願望と欲求は区別しうるが、ここではまとめて議論して差し支えない）を持つこともあるが、そうではなく「真夏の海で泳ぎたい」、「肩が凝ったので思い切り伸びをしたい」、「疲れたのでいますぐ眠りたい」というように、一定の行為や状態を望むこともある。「泳ぐこと」や「伸びをすること」、「眠ること」が「対象」だと言われると違和感がある人もいるかもしれないが、ここで「欲する」という動詞が表す欲求がいったい何を欲しているのか、海を眺めることでもじっと水に浸かることでもなくまさに「泳ぐこと」を欲し、仕事を続けることでも切り上げて飲みに行くことでもなくまさに「伸びをすること」や「眠ること」をそれぞれ欲しているというその「何を」を特定する「目的語」の位置に来ているという意味で、それらを「対象」と呼ぶ（「目的語」と「対象」は英語では共に“object”である）。

それゆえ、ここで言う「対象」とは物であっても人であっても行為や状態であってもよいし、たとえば数学者が素数や関数について考えるときのように、あるいは作家や読者が物語の登場人物について考えるときのように、高度に抽象的なものや虚構のものでも構わない。要するに何でもよいのだ。「そんな何でもありの状況では「対象」という言葉に意味はないのでは」と思う人もいるかもしれない。しかしそれはそもそもここで言う「対象」という概念のポイントを誤解している。ここで言う「対象」というのは、「これは対象ですか」、「あれは対象ですか」という訊き方が意味を持つようなものではそもそもない。何かひとつの物や人、行為や状態などを取り出して「これは対象ですか」と訊かれても答えようはない。ここでの「対象」という概念はそういうものではなく、「いまあなたが欲しいと思っている、その欲求の対象はこのビールですか」、「彼が愛している、その愛の対象は彼女ですか」、「あの数学者が証明できたと信じている、その対象はこの定理ですか」という仕方で、必ず「この作用の対象はこれですか」という仕方で作用との関係を問われるものなのだ。だから、ビールでも泳ぐことでも素数でもペガサスでも何でも「対象」になりうるからといって、「いま私が欲しているその対象」は他のどれでもなくビールだし、彼が愛しているのも彼女だけであり、数学者が証明できたと信じているのも他のどの定理でもなく（まして物や人などではなく）、その特定の定理である。ひとつ何かを取り出して「これは対象ですか」と訊いても意味はなく、必ず作用とセットで「これはこの作用の対象ですか」と訊かなければならない。第二章第四節で紹介する形式言語の枠組みを用いて言えば、ここで言う「対象」は一項述語ではなく二項述語だ、ということになる。

第二節 「対象」は必ず存在するのか

では、こうした意味で心的作用は本質的に、つまり必ず対象を持つと本当に言えるのだろうか。確かに、欲求や願望のような作用は本質的に志向性を持つと言えそうだろう。「僕はいまとても欲しているが、しかし何をと訊かれても困る。何かを欲しているのではなく、ただ単に欲しているんだ」と言われても意味がわからない。この人はそもそも「欲する」ということをしているのかどうか甚だ疑わしいだろう。愛憎もおそらく同様だと思われる。「とにかくただひたすら憎いが、特に何か、あるいは誰かを憎んでいるわけではない」というのは理解不可能ではないだろうか。想像の場合も、「何かを思い浮かべることなく、ただ「思い浮かべる」ということだけをやってみてくれ」と言われたらやはり途方に暮れるのではないだろうか。思い浮かべようとした瞬間に、やはり「何かを」思い浮かべてしまうのではないだろうか。想起、つまり記憶を思い起こすことについてもそうだろう。「いま思い出したが、何かを思い出したわけではない」という状況は起こり得ないように思われる。

「現象学」という哲学は、世界や人間についての天下り的な理論を前提せず、我々自身の生身の経験に即して、つまり我々の経験の中に「現れているもの」に即して哲学的問題を考えようとする。そのため、読者の皆さんもぜひ自分の経験として様々な具体例を想起、あるいは想像してみて、本書で述べられていることが本当にそうであるのかをご自身で納得していただきたい。いや、現象学に限らず、一般に哲学書を読む場合、「本当にそうなのか」と様々な具体例を自分で試行錯誤し、立ち止まって検討してみることはとても重要な作業である。ここでも、練習のために少し丁寧に検討してみよう。

ジョッキ一杯のビールが飲みたい、という欲求を想像してみて欲しい。ビールやアルコールが苦手な方は、コーラや麦茶でも構わない。この欲求を自分が抱いているところは容易に想像できるだろう。では、その欲求の対象を少し減らして、ジョッキ半分のビール（あるいは適宜コーラ、麦茶）が飲みたい、という欲求に変えてみよう。さらに控えめにして、小さなグラスに半分のビールが飲みたい、一口だけでもビールが飲みたい、と減らしていってみよう。これらの欲求はすべて問題なく抱くことができる。しかし、さらに欲を控えめにして、欲していたビールをすっかりなくしてしまったらどうだろう。「ビールが欲しい」というその「ビールが」の部分をなくして、何かを欲することなく、ただ「欲する」の部分だけを残すことはできるだろうか。少し想像力を働かせてみて欲しい。対象をなくした瞬間に、それはもはや「欲するという作用から対象だけがなくなった」のではなく、そもそも「欲するという作用そのものがなくなった」のではないだろうか。欲している対象が特にないということは、そもそも「欲していない」ということであるように思われる。

同様に、他の様々な作用についても実験してみて欲しい。過去の何かを思い出しながら、思い出す対象を様々に変えてみることはできる。しかし、思い出される何か、思い出す対象が何もなくなったとき、そこには「対象のない純粋な想起」が残るのではなく、単に「思い出すのをやめてしまった」あるいは「思い出せなかった」ということになるのではないだろうか。愛憎のような感情についても同様である。いささかアクロバティックな想像かもしれないが、誰かの身体の美しさ、なかでもとりわけ上半身だけ、あるいは顔だけを愛するということは考えられる。そこで、まず誰か特定の人物を思い浮かべ、その全身を愛することを想像してみよう。続いて上半身だけを愛し、さらに首から上だけ、顔の部分だけ、そしてたとえば鼻先だけ、というように、どんどん限られた部分だけを愛してみよう。そのまま対象が縮小していった果てに、「愛する対象はなくなったが、ただ愛だけが残った状態」を思い浮かべることはできるだろうか。愛するものが何もないのであれば、そこにはそもそも愛は残らないのではないだろうか。あるいは、たとえばかつての同級生の全員を憎んでいると想定してみよう。ひとりずつ彼らへの誤解が解け、あるいは謝罪や贖罪を受け入れ、ひとりまたひとりと憎しみの対象が減っていく。そしてついに最後のひとりも憎しみの対象から外れ、憎んでいる対象はいなくなる。このとき、「憎む対象はなくなったが、ただ憎しみだけが残る」ということはあるだろうか。憎む相手が誰もいない、憎む対象が何もないのであれば、そこにはもはや憎しみは存在しないのではないだろうか。愛憎だけでなく、怒りや悲しみについても同様のように思われる。

しかし、こうした感情の事例については疑念を抱く人もいるかもしれない。確かに我々は何か特定の出来事や特定の行為、特定の人物に怒るということもあるが、何となくムシャクシャする、特に対象はなくイライラするということもあるのではないだろうか。また、憎んでいた全員に対する憎しみがなくなったとしても、誰とはなしにやり場のない陰鬱な気持ちだけが残る、あるいは物悲しい気分だけが残るといったことはあるのではないだろうか。あるいはまた、何か特定の出来事に喜んだりしているわけではなくとも、何か楽しい高揚した気分になるということもあるのではないだろうか。

じつは、フッサールはすべての心の働きが志向的であるとは主張していない。それ自体では志向性を持たない感覚や気分のようなものが心の中に存在しても、それはフッサールにとって不都合ではない。ただし、それは何かを知覚したり何かを想像したり何かを想起したり何かを愛したり何かを憎んだり何かを欲したりする作用がたまたま対象を持たない場合があるというわけではなく、そうした作用とはまったく別種の心的状態なのである。

だが、こうした感覚や気分が作用とは別種のものであることを認めたとしても、そして先に確認したように作用の対象がいわゆる「物」に限らないことを認めたとしても、それでもやはり知覚や欲求などの作用が特定の対象を持たないことはあり得るのではないだろうか。たとえば、薄暗い森の中を歩いているとき、ふと木々の隙間を通り過ぎる影が見えたとき、我々は「いま何かが見えた」と言う。何か特定のものが見えたわけではなく、それが何であるか特定できないのだが、ただ「何かが見えた」ということはあり得るのではないだろうか。あるいはまた、「何か聞こえた」という場合もある。また、知覚以外にも、我々は「ビールが欲しい」、「コーラが欲しい」といった特定の対象への欲求だけでなく、喉が渇いた際には「とにかく何か飲み物が欲しい」といった不特定のものへの欲求を持つことがある。あるいは、退屈な場合や困っている人を見た際には、「とにかく何かしたい」、「何かしてあげたい」という欲求を持つこともある。このように、我々は対象を特定せずに不特定の何かについてこうした作用を持つことがある。志向性というのがもし「特定の対象への方向性」であるとすれば、これらは対象を特定しないのだから、志向性を持たないということにならないだろうか。そうだとすれば、これらは作用であるにも拘わらず志向性を持たない、あるいは、志向性を持たないがゆえに作用とは呼べないが、しかしそれ以外の点では志向性を持つ知覚や欲求と同種のものであり、いずれにせよ知覚や欲求のような心の働きにとって志向性を持つことは偶然的、つまり本質的なものではないということにならないだろうか。

この点については、しかしフッサールははっきりと以下のような態度をとる。

> したがって、「何か」が動いている、「何か」がガサガサ音を立てている、「誰か」がベルを鳴らすなどの場合に、我々が遂行する表象、しかも一切口に出して言葉で表現する以前から遂行される表象も「不定に」方向づけられた表象であり、そしてこの場合の「不定性」は、不定の「何か」を表象することがまさにその規定性であるような志向の本質に属しているのである。
> (Hua XIX/1, p. 410、『論理学研究3』p. 194)

ここでも、さしあたり「表象」は「作用」と読み替えておいて構わない。つまりここでフッサールは、こうした不特定の何かを知覚するような場合であっても、しかもそれを言葉に言い表す以前の知覚作用そのものにおいても、「不定の何かに向かう作用である」という不定の志向性を持っているのであり、それがまさにその作用の志向性の方向性なのだ、と考えている。

だが、他のどれでもなくこれ、という対象特定の機能を持たないのであれば、つまり不定のままでもいいのであれば、それを志向性と呼ぶことに何のポイントがあるのだろうか。対象が定まっていないように見える場合でも「不定の対象」があるのだ、と言い張ったところで、それを言い出せば何でもありであって、もはや志向性を考える意味はないのではないだろうか。このような疑問が浮かんでも無理はないように思われる。

この疑問にはここでは答えず、本章の後続の議論、そしてまた本書全体の議論を通じて答えることにしたい。予告しておけば、ここでフッサールが「不定の対象への志向性がある」と考えることには単なる言い逃れや屁理屈ではない正当な意味がある。それがなぜなのか、どのような意味においてそうなのかという問いが、本章を導く問いのひとつである。この問いには、最終的には第四章第五節ではっきりと答えを与えることになる。

第三節　何が思考をその「対象」に結びつけるのか

前節で、知覚や想像、想起、愛憎などの感情、そして欲求や願望といった思考の働きは本質的に志向性を持つように思われること、そしてフッサールによればその中には不定の志向性も含まれることを確認した。なぜ不定であってもれっきとした志向性であると考えなければならないのか、それは単に志向性を持たないことと同じではないのか、ということも本章で検討すべき問いのひとつであるが、はっきりと特定の対象を持っている作用についてもまた、問われるべき問題は残る。

それは、いったい何が志向性を成立させるのか、つまりそれぞれの作用をその対象に結びつけるものは何なのか、言い方を変えれば、それぞれの作用にその対象への方向性を与えるものは何なのか、という問いである。あるいはそれは、作用が対象についてのものであるということ、志向性が成立しているということはそもそもどういうことなのか、という問いでもある。こうした問いはかなり抽象度の高いものであり、哲学に不慣れな読者には「いったい何が問題なのか」と思われるかもしれない。そこで、まずは志向性とは別の例を迂回しながら、何が問題なのかを明らかにしておきたい。

たとえば、「実母と実子の関係」というのは二項述語である。つまり、ひとりの人を指して「この人は実母と実子の関係ですか」と訊かれても答えようがない（一項述語ではない）が、ふたりの人を順に指して「この人はこの人と実母と実子の関係ですか」と訊かれたならば、その指された特定の人物に応じて母子関係は成立していたりしていなかったりする（二項述語である）。では、なぜある組み合わせでは母子関係が成立し、別の組み合わせでは母子関係が成立しないのかと言えば、それは「出産」という出来事でそのふたりが結びついているかどうかによって決まる。つまり、「出産」という出来事が特定の二者間に「母子関係」を成立させているわけである。これは、「母子関係とはそもそも何なのか」を「一方が他方を出産したという関係」という仕方で説明していると言ってもよい（もちろんこれは、出産を経ていない養母や代理出産の場合の遺伝上の母などとのあいだに親密な関係が成立しえないという意味ではないし、それが情緒的な意味で実母との関係よりも何らか薄いという主張も含んでいない）。同様に、「婚姻関係は何によって成立するのか」と言えば、それは「役所に婚姻届を提出し、受理されることによって」であろう。つまり、たとえ同じくらい頻繁に会う人や同じくらい理解し合っている人、同じ家に住んでいる人などが複数いたとしても、なぜ他ならぬこの特定の人物だけが婚姻関係の相手なのか、ということを婚姻届が保証しているわけである。

志向性の関係、つまり「この作用の対象はこれである」という関係も二項述語である。では、いったい何がこの志向性の関係を成立させているのだろう。私が土星の輪について考えているとき、私の脳内の神経活動と土星の輪の間に直接の物理的な交渉は何もないし、土星の輪と連れ立って役所に行き、「この対象とこの思考の間に志向性の関係を結びます」と「志向性届」を提出したわけでもない。志向性の関係とは、そもそもどのような関係であり、何が成り立っていることなのだろうか。

知覚について言えば、それは簡単に思われるかもしれない。私がいま目の前のグラスに注がれた水を知覚しているのであって冷蔵庫の中のビールを知覚しているのでないのは、物理的に目の前にあるのが水であってビールでないからであり、視線の先にあるのがビールでなくその水だからである。視線というのは文字通り一直線に一定の方向に向かう方向性を持っているのであり、視覚は目をその方向に向けて焦点を合わせたところにあるものを見ている。だから、知覚しながら「この水を飲みたい」などと考えたときにもその対象が水であることは容易に説明できる。目の前のそのグラスの中にあるのはビールでもウイスキーでも灯油でもなくまさに水なのであり、それを見て欲しているのだからその対象は水なのである。

だが、本当にそうだろうか。確かに、知覚の場合には我々が何を知覚しているのかは周囲の状況や視線などの身体の態勢に依存する。しかし、私がグラスの水を見ているとき、私は同時にグラスも見ているし、その視線の先にはグラスの下のテーブルも透けて見えている。私は正確にはどれを知覚しているのだろう。またもし私が「この水を飲みたい」と考えながら欲求作用を心に抱いているとき、その瞬間目の焦点がわずかにズレて水ではなくその手前のグラスに合ってしまったとしたら、その瞬間欲求の対象はグラスになるのだろうか。私は「このグラスを飲みたい」と欲していることになるだろうか。

そしてまた、我々の思考が関わるのは目の前に見えている対象だけではない。「目の前には水しかないけど、たしか冷蔵庫にビールがあったはずだよな」と考えているとき、私はビールについて考えている。この思考がビールについてのものであるのは何によってだろう。冷蔵庫の扉が閉まっていれば、もちろんビールは直接には見えていない。それでももちろん、冷蔵庫の方に視線を投げかけながらそう考えることはあるだろう。しかし、視線の方向性はこの思考が「ビールがあったはずだ」であって「冷蔵庫があったはずだ」ではないことを何も保証してくれない。もちろん、「冷蔵庫の扉ではなくそれを貫通してビールのあるあたりに焦点が合っているのだ」ということもあるかもしれない。しかし、冷蔵庫のどこにビールがあるかはそれなりに曖昧な記憶に属する。そもそも視線が扉の向こうのビールを正確に射抜いているかどうかも定かではないし、焦点が正確にビールの位置に合う保証もない。だからといって、視線を外したことによって私の思考は「卵があったはずだ」や「ハムがあったはずだ」になったりはしない。

冷蔵庫の中のビールであれば、ある程度視線がそれを狙い撃つことも可能だろう。しかし、「実家の母は元気だろうか」と考えるときはどうだろう。こう考えるたびにわざわざ実家の方角を向く人はほとんどいないのではないだろうか。まして、実家の母親がいる位置に正確に焦点を合わせることなどできはしないだろう。そもそも、外出しているかもしれないではないか。視線の狙いを外したからといって、私の思考は「実家の隣家の庭にいる犬は元気だろうか」という思考に変わったりはしない。また、実家の母親になら視線を向けられる自信があるとしても、ホワイトハウスについて考えるときはどうだろうか。あるいはナイル川について考えるときはどうだろう。そのつど正確にその方向に視線を合わせなければそれらについて考えることができないのだろうか。そもそもナイル川のどのあたりに視線を合わせればよいのだろう。

志向性は、いま自分が考えている対象に「意識の目を向ける」という視線のイメージで捉えられやすい。しかし、これはあくまで比喩でしかない。我々は自分が考えている対象の方に必ず文字通りの意味で視線を向けているわけではないし、じっさいに目を動かさないとしても想像的にそちらに向けて意識を集中する、ということすらしていない。そもそも自分がいまいる場所からどちらの方角にホワイトハウスがあるか見当もつかなくとも我々はホワイトハウスについて考えることができる。

さらにダメ押しをしておけば、我々は抽象的な数学的対象や世界の一定の状態、一定の範囲の不特定の対象や、過去や未来についても考えることができる。素数について考えている数学者は、素数の方を向いて考えなければならないわけではない（そもそも「素数の方」というのはどっちだろう）。世界平和を願う宗教家やインフレを願う政治家は、世界平和やインフレの方を向いて考えているわけではない（これらも素数と同様、どこか特定の空間的位置にあるわけではない）。喉がカラカラに渇き、「何でもいいから何か飲み物が欲しい」と切望する人は、あらゆる飲み物の方角に視線を合わせているわけではない（そんなことは不可能なほど無数の飲み物が世の中にはあるし、そもそも飲み物の在り処をひとつも知らなくともこの欲求は持つことができる）。高校時代の恩師の顔を思い出している人は、高校時代の方角を向いて思い出すわけではないだろう（そもそも「高校時代の方角」はどこを向いても存在しない、高校のあった方角なら存在するが）。

このように、私の思考の志向性を、私が視線のような何かを文字通りそちらへ向けようとする空間的な意味での方向性として説明することはできない。あたかもライフルの照準を合わせるようにして思考を特定の対象に「向ける」、「意識を向ける」といったイメージはあくまでも比喩に過ぎない。では、いったい何が作用を特定の対象についてのものにさせるのだろうか。

第四節　イメージ・因果関係と志向性

思いつく解決策のひとつは、現実の対象の方向に視線を向ける代わりに、対象の想像的なイメージを目の前に持ってくることだろう。私は確かにホワイトハウスがどの方向にあるかを知らずともホワイトハウスについて考えることができるが、それはホワイトハウスのイメージを目の前に思い浮かべ、それに注意を向けているからである。実家の母親について考えることができるのも、わざわざ実家の位置に視線や焦点を合わせずとも母親の顔を思い浮かべることができるからであり、目の前に思い浮かべたイメージであれば容易に注意の視線を合わせることができるだろう。そう考えれば、作用がどの対象に向かっているのかは、やはり目の前の何かに視線を合わせるという枠組みで説明できるのではないだろうか。

しかし、このアイデアもやはりこれだけでは十分な説明にはなっていない。そもそも、我々は自分が考えている対象について必ずイメージを思い浮かべているわけではない。素数について考えているとき、我々は素数のイメージを目の前に思い浮かべて考えているわけではない。そもそも数のイメージとは何だろう。碁石の集まりのような仕方で数をイメージするとしても、それでイメージできるのは個々の数、それもある程度の大きさまでの数だけである。いくつかの素数についてではなく、無限個ある「素数全体」について考えるということが、イメージによってどうやって可能だろう。また、素数であればいくつかの個別例についてはイメージできても、無理数について考えるのはイメージではお手上げだろう。同様に、世界平和については何とかイメージできるとしても、インフレのイメージとは何だろうか。紙切れのように積み上げられた大量の紙幣をイメージすることはできたとしても、それが単に「大量の紙幣のイメージ」ではなく「インフレのイメージ」であることを保証するものはそのイメージのどこにあるのだろうか。こうした抽象的なものだけでなく、姿かたちを持つ具体的なものであっても、私が見たことのないものもいくらでもある。それでも私はそれらについて思考できなくなるわけではない。私はその顔をいちいちイメージとして思い浮かべることなくホメロスや清少納言について考えることができるし、その威容がどのようなものであったのかを知ることなくトロイアの木馬や安土城について考えることができる。

さらに、問題はこれだけではない。イメージできるものについては解決したが、イメージできないものについての問題が残った、というわけではじつはない。というのも、「作用がその対象についてのものであるのは何によってか」という問いにイメージを持ち出したところで、「そのイメージをその対象のイメージにしているのは何によってか」という問いに問題が先送りされただけだからである。

確かに、我々はホワイトハウスのイメージを思い浮かべながらホワイトハウスについて考えることができる。しかし、テレビや写真でホワイトハウスをじっくり見たことがある人ばかりではないし、見たことがあってもいつでも正確に思い浮かべられるとは限らない。もし思い浮かべた建物により似ている建物がたまたま他にあったとして、そのときにはホワイトハウスについて考えたつもりがその別の建物について考えたことになってしまうのだろうか。同様の問題は、実家の母親について考えるときでも発生しないわけではない。もちろん母親の顔であれば、ホワイトハウスよりも見慣れている人が多いだろう。しかし、思い浮かべた顔のイメージにより似ている人が世界中のどこにもいないと断言できるだろうか。もし思い浮かべたイメージが母親本人よりも別の誰かの顔により似ていた場合、私は知らぬ間にその人が元気かどうか考えていた、ということになるだろうか。

そんなことは問題ではない、たとえより似ている建物や人物が他にあったとしても、私が思い浮かべたのはあくまで「ホワイトハウスのイメージ」であり「実家の母親のイメージ」なのだ、と思うかもしれない。しかし、問題はそもそも私が思い浮かべたそのイメージ、その心の中の像が、現実のアメリカにあるあのホワイトハウス、実家にいる現実の母親についてのイメージであるという関係を成立させているのは何か、ということなのだ。もし姿かたちが似ていることがその保証を与えるのでないのなら、いったい何がその関係を支えているのだろう。その説明が与えられない限り、作用の志向性の説明にイメージを持ち出したとしても、それは問題をイメージの志向性に先送りしているだけなのである。

それなら簡単じゃないか、と思う人もいるかもしれない。たとえよく似た別人がいたとしても、私は心の中で「母さんは元気かな」などと呟いたのであり、別の誰かの名前を呟いてなどいない。同様に、「ホワイトハウスってどれくらい広いんだろう」などと考えているとき私はまさに「ホワイトハウスって」と心の中で話しているのであり、別の建物の名前は呼んでいない。そうした事実が、目当ての対象への志向性を成立させるのである。

確かに、そうした言葉を心の中で呟きながら思考することはある。とはいえ、言葉を明確に意識していない思考が存在しないかどうか、そうした思考の志向性をどのように説明すればよいかは明らかではない。そのことを度外視しても、じつはこの説明には大きな問題がある。この説明は、「ホワイトハウス」という言葉があのホワイトハウスを指すことを前提にしてなされている。つまり、ホワイトハウスのイメージがまさに「ホワイトハウスの」イメージであることを何が保証するのかが説明されない限りホワイトハウスのイメージを持ち出しても最終的な解決にはならなかったように、「ホワイトハウス」という名前があの「ホワイトハウスの」名前であることを何が保証するのか、つまり言語の志向性が説明されない限り、心の中で呟かれた言葉を持ち出してもやはり問題は先送りされただけなのである。

結局のところ、何かについて考える思考の志向性にせよ、イメージの志向性にせよ言語の志向性にせよ、我々は普段当たり前のことだと考えており、ことさらに何がその関係を成立させているのかなどと考えることはない。しかし、それは考えればすぐに答えられるようなものなのではなく、慎重な検討を有する真正の哲学的問題である。一度も行ったことも見たこともない私の思考が、どのようにしてアメリカにある現実のあのホワイトハウスや、過去にあったあの安土城についての思考になれるのだろうか。これは考えてみれば不思議なことである。ホワイトハウスにじっさいに視線を向けるわけでもなく、ホワイトハウスから何か光線なり電波なりを受け取るわけでもなく、私がホワイトハウスについて考えようとした瞬間にその思考は遠く離れたあのホワイトハウスについてのものとなる。ホワイトハウスどころではない。星座の星々や銀河の果て、ブラックホールでさえも、私がそれについて考えるならば直ちにそれらは私の思考と志向性の関係を結ぶ。はるばる宇宙を横切ってこの関係が結ばれる速度は、その意味では光速を超えるとさえ言ってもいい（もちろん文字通り何かが移動しているわけではないのだが）。そんなことがいったい何によって可能になるのだろう。むしろ、そんな原理不明の高速アクセスが狙い通りに現実の対象へとなぜか辿り着くことなど、本当は不可能なのではないだろうか。我々の思考は本当に対象に関係しているのだろうか。そんな疑問さえ生じかねない。この疑問には、本書で何度も立ち返ることになるだろう。

最後に、対象への志向性を対象からの何らかの因果的な働きかけによって説明するタイプの試みについて触れておきたい。知覚においては、目の前のグラスの水からはそれに反射、ないし透過した光線が目に届いており、それによって対象からの因果的刺激が網膜や視神経を経て脳に届いている。その水を後から想起する場合であれば、その刺激の影響が脳に残り、一定の因果的メカニズムによって間接的に想起を引き起こす。ホワイトハウスもかつてテレビの電波やディスプレイからの光線を通じて間接的とはいえ因果的影響を私の目や神経に及ぼしており、私はその痕跡を使っていまもホワイトハウスについて考えることができる。たとえそれによって呼び起された私のイメージが現実のホワイトハウスよりも他の建物にたまたま似ていたとしても、その建物は私のこの思考に因果的に関与していない。だから、私の思考はこの建物についてのものではあり得ない。思い浮かべた顔にたまたま似ていたとしても私の思考が母親についてのものであって別人についてのものでないのも、この別人はいくら似ていようとも私の思考に因果的に関与していないからである。このように、対象からの何らかの因果的影響によって志向性を説明するというアイデアはそれほど不自然なものではない。

しかし、この説明は大きく分けてふたつの点でうまくいかない。そのひとつの理由はこの説明が不適切な対象を作用と関係させてしまうからである。すなわち、一般には私の思考を引き起こす原因は様々にあり、その複雑な因果関係の中からどれを対象として特定するのかは説明を要する。また、幽霊かと思ったら木の枝だったというように、主要な原因が思考の内容と食い違っていることもしばしばある。もうひとつの理由は、志向性の向かう対象は必ずしも因果的な効力を発揮できるようなものとは限らないからである。このことを簡単に確認し、詳しくは第五節で検討することにしよう。

まず、我々は素数のような抽象的な対象についても考えることができるのだった。素数は時空間上のどこかに存在するようなものではないから、私の脳に因果的に働きかけることはない。それゆえ、こうした対象についての志向性は因果的影響では説明できない。また、欲求や願望はしばしば、いまだ実現したことのないものや、いまだ目にしたことのないものを欲する。人々はそれまで決して実現したことのない世界平和を夢見て来たし、新たなワクチンを開発しようと努力する研究者はもちろんまだそのワクチンを見たことがない。まだ存在しないか、あるいはどこかには存在したとしても私にはまだ因果的に関わって来たことのない対象についても、私は十分に考えることができる。それゆえ、こうした作用の志向性についても因果的影響では説明することができない。さらに、我々はまったく実在しない対象や、架空の対象についても考えることができる。我々はペガサスやユニコーン、ドラゴンや天使について考えることができるし、燃焼する物質が放出すると考えられていたフロギストン、水星よりもさらに内側の軌道を公転し水星の近日点移動を引き起こすと考えられていた惑星ヴァルカンといった対象は、かつての科学者たちがそれについて真剣に考察を積み上げていたものであったにもかかわらず、のちに存在しないとされた。それゆえ、これらについての思考がまさにこれらについてのものであることを、その志向性の関係をその当の対象からの因果的影響によって説明することはできない。だが、そもそも存在しないものが作用の対象になるとはどういうことなのだろうか。こうした不在の対象については、節を改めて詳しく検討することにしよう。

第五節　不在の「対象」について思考できるのはどのようにしてか

前節の最後に触れたように、我々は存在しないものについての思考を心に抱くことがある。それは、その時点では存在すると思われていた対象であったり、その時点で既に存在しないと知られている対象であったり、その時点では存在するのかしないのか明らかでない対象だったりする。

かつての科学者たちが存在すると信じて探求していたものたちは、典型的に第一の例に属する。かつての科学者たちは惑星ヴァルカンが存在するはずだと考え、それについて様々な推測や願望を持っていただろう。フロギストンについても同様である。惑星ヴァルカンやフロギストンという物理的対象は当時も今も宇宙のどこにも存在しないのだが、にもかかわらず彼らはそれについて思考することができた。彼らの思考は紛れもなく「惑星ヴァルカンやフロギストンについての」思考であるように思われる。つまり彼らの思考は志向性を持ち、他のものではない特定の対象についてのものであるように思われるが、しかしその思考の向けられた宛先はじつはどこにも存在しない対象なのだ。

そうだとすれば、彼らの思考が「何に向かっているのか」を、「視線がその対象の方を向いている」という仕方で説明することはできないだろう。その対象はどこにもいないからだ。比喩的な意味で、何らか「心の視線」、「注意の視線」がそちらを向いている、と述べたところでまだ何も説明したことにはならない。そうした比喩的な「視線」が何を意味しているのか、それが特定の方向を向いているとはどのようなことなのか、不在の対象のいる「そちら」とはいったい何処のことなのか、といったことがまったく明らかではないからだ。また当然ながら、「その当の対象が因果的に刺激を与えてその当の思考を引き起こしたからだ」という説明も採用することができない。存在しない対象が因果的効力を発揮することはないからである（世の中にはたとえば「命綱がなかったから落下した」というように「不在因果」と呼ばれる一連の現象があるが、この場合は「不在であること」そのことが原因となるのであって、不在であるその「対象」が原因となるわけではない）。

では、彼らは当時「惑星ヴァルカンやフロギストンについて考えている」と思い込んでいたが、じつはそうではなかった、と言うべきだろうか。確かに、彼らがそれについて考えていたところの対象はじつは存在しない。しかし、だからといって彼らの思考には志向性がなかった、彼らの思考は特定の対象についてのものではなかった、と考えるのは早計である。そもそも、何かについて考えているわけではない思考、何についても考えていない思考というのは、何も考えていないのと同じことではないだろうか。当時の最先端の科学者たちが寄ってたかって、熱心に頭をひねっていたつもりがじつは「何も考えていなかった」なんてことがあるだろうか。その中にはそれらの探求のために何年も、あるいは何十年も費やした者もいたかもしれない。その思考がじつは対象を持たなかったということが明らかになるのはそうした年月を経た後のことである。これらの対象が真剣に議論されていた期間は科学史においてそれほど長い期間ではないかもしれないが、それでも自分がじつは何も考えていなかったということに一線の科学者が何年もの間気づかない、などということがあるだろうか。それは明らかにおかしな帰結だろう。

とはいえ、特定の対象についてのものでなくとも考えることはできる、と想定する余地もあるかもしれない。頭の中を様々な想念が浮かんでは消えるが、しかしそれらが何かひとつのものについての思考である必要はない、ということは十分あり得るのではないだろうか。しかし、当時ヴァルカンやフロギストンについて考えていた科学者はひとりではない。また、そのひとりひとりの科学者たちも生涯にただ一度だけそれらについて考えたわけではない。彼らはその同じひとつのものについて来る日も来る日も熟考し、互いに議論を戦わせ、その成果を文献にしたためて広く周知し、後世に残したはずである。彼らの頭の中に去来する様々な想念が同じひとつの「惑星ヴァルカンについて」あるいは「フロギストンについて」のものとしてまとまりをもっていなかったならば、こうしたことは不可能であっただろう。ある特定の同じひとつの対象をめぐって思考し、語っていたからこそ、彼らはその思考を長期にわたって蓄積し、議論することができたのである。そもそも同じものについて語っていない者同士のあいだに議論はあり得ない。

さらに我々は、思考しているその時点で初めから存在しないとわかっている対象について思考することもあり得る。この第二のケースの典型例のひとつはフィクションの場合である。我々は、シャーロック・ホームズは存在しないと知りつつ彼について語ることができるし、ペガサスやユニコーン、ドラゴンや妖怪たちについても同様である。もうひとつの典型例は、いわゆる「背理法」による証明に現れる。たとえば2の平方根が無理数であることを示す際、我々は「二乗して2になる有理数があると仮定して」それについての考察を進め、最終的に矛盾を導いて仮定を棄却する。この証明を試みる際、我々はそのような有理数が存在しないことを知っているか、または少なくとも存在しないだろうと想定している。惑星ヴァルカンやフロギストンの場合であれば、科学者たちは当時は自分たちが何かについて思考していると思っていたが、じつは思考できていなかったのだ、と考えることにもそれほど不合理はないと考える人もいるかもしれない。しかし、フィクションや背理法の場合にはそうはいかない。それらの対象が存在しないことは初めから当人が知っている(あるいは少なくとも存在しないと思っている)のだから、もしそれによって思考の志向性が失われるのであれば、我々は自分が何についても思考できていないこと、何についても語れていないことを知りつつ、熱心にそれについて語り合っているかのようなフリをしたり「証明」に頭をひねっているフリをしたりしていることになる。だが、フィクションについて共に語り合ったり、背理法による証明に頭を悩ませている際に我々がまさにそのような不毛なことをしているとは、少々考え難いのではないだろうか。

同様に、我々は存在するともしないとも確信していないものについて思考することもある。ネッシーやツチノコといった未確認生物について考えていた人々や、様々な数学の未解決問題の解について考えていた人々の多くがそうである。こうした場合に、彼らがそもそも何かを考えていたのかどうか、あるいは何かについて語り合えていたのかどうか、そこからして対象の存在か非存在かに決着がつくまではどちらかわからない、というのは随分と変な話ではないだろうか。

フッサールもまた、我々が何かについて思考することができている、という志向性の成立にとってこうした対象の有無は関係がないと考えている。再び『論理学研究』のテクストから引用しておこう。

> 意識にとっては、表象された対象が実在していようと、もしくはそれがでっち上げられたものであろうと、それどころかたとえ背理であるとしても、その所与は本質的に等しいものである。私は「ビスマルク」と同様に「ジュピター」を、「ケルンのドーム」と同様に「バビロンの塔」を、「正千面体」と同様に「正千角形」を表象するのである。(Hua XIX/1, p. 387、『論理学研究3』p. 171)

「背理である」とは、まさに背理法の場合のように、その対象の存在を想定すること自体が矛盾を導くような場合であると考えてよい。「正千角形」は平面上の図形として問題なく存在するのに対して、「正千面体」は三次元空間の図形として存在できず、矛盾してしまう(これは、合同な正多角形を並べて正多面体の展開図をつくることを考えたとき、貼り合わせてひとつの頂点になる、その頂点を囲む角の和は三六〇度未満でなければならず、したがってその頂点を囲む面は正三角形三枚または四枚または五枚、正方形三枚、正五角形三枚の五通りしかあり得ないからである。このゆえに正多面体は正四面体、正六面体、正八面体、正十二面体、正二十面体の五種類しか存在しない）。「所与」というのは、ここでは思考する我々の意識のうちに「与えられているもの」を指す。つまり、実在する対象であれフィクションの対象であれ矛盾する対象であれ、とにかく「その対象について」我々が考えている、ということ自体に変わりはなく、自分が何を考えているかというその意識において思考の内容は同様に与えられている。つまりフッサールははっきりと、対象が存在しない場合であれその対象を表象する、つまりその対象について考えるという志向性の成立には変わりはないと述べていることになる（なお、実在するものと同様に実在しないものも表象する、という例の並びとしては、最後の例だけ順序が逆になってしまっている）。しかし「存在しないものについて考えることができる」、「存在しないものの方へと意識が向かうことができる」とはいったいどのようなことなのだろうか。

第六節　「対象」は心の中の像にすぎないのか

こうした問題に直面したとき、素朴に思いつく解決策のひとつは、「世界の中に実在しなくとも、心の中に思い浮かべた像として対象は存在するのだ」というものである。実在する対象についての志向性をイメージによって説明しようとする議論の難点は前節で既に確認したが、ここでは不在のはずの「対象」の代用物としてイメージを持ち出す議論が想定されている。シャーロック・ホームズが世界の中に実在しなくとも我々がそれについて考えていると言えるのは、心の中に彼の姿を思い浮かべ、その思い浮かべられたイメージについて考えているからではないだろうか。志向性を語る際の「対象」とは何も物体として存在している必要はないのだった。であれば、心の中だけであってもその姿が存在していればそれでよいのではないだろうか。

問題をもう一度整理しておこう。何かについて予期したり想像したり判断したり、あるいは愛憎や怒りを抱く、といった心の働きは本質的に志向性を持つ。これはフッサールのテクストでは「作用」とか「表象」と呼ばれるものである。作用が志向性を持つということは、すなわち作用がそれへと向かう「対象」を持つということである。つまり、作用には本質的に対象が存在する。これを仮に「志向性テーゼ」と呼ぶことにしよう。他方で、我々は惑星ヴァルカンが発見されることを予期したり、シャーロック・ホームズが難題を解決してくれることを想像したり、正千面体のひとつの頂点には少なくとも三つ以上の面が接していると判断することができる。これらの作用の対象は存在しない。つまり、我々は対象の存在しない作用、ないし表象を持つことがある。これを「無対象表象テーゼ」と呼ぶことにしよう。これを並べれば、

志向性テーゼ：すべての作用は対象を持つ。

無対象表象テーゼ：すべての作用が対象を持つわけではない。

あるいは言い換えれば

志向性テーゼ：すべての作用には対象が存在する。
無対象表象テーゼ：すべての作用に対象が存在するわけではない。

となり、いずれにせよ明らかに矛盾する。ということは少なくとも、このふたつのテーゼのいずれか一方は誤っていると考えるべきではないだろうか。しかし、このいずれのテーゼも我々の思考についての明白な事実であるように思われる。ではどう考えたらよいのだろうか。

こうしてみれば、先程想定した解決策は当然出てくるように思われる。「すべての作用には対象が存在する」とは言っても、これはもちろんすべての作用の対象が現実のこの世界の中に実在するという意味ではない。ペガサスやゼウス、シャーロック・ホームズやジェームズ・モリアーティについて考え、想像し、憧れ、恐れ、愛し、怒るとき、我々は何も彼らが現実世界に実在すると考えているわけではない。我々は心の中で彼らのイメージを思い浮かべ、我々のそうした作用の中には彼らのいわば「像」が内在しているのではないだろうか。ホームズへの憧れを抱くとき、そこにいるのはホームズの現物ではなく、むしろその像としての心的なイメージが、その憧れの中に描き出されて存在しているだろう。じっさい、フッサールの師ブレンターノも、志向性を「対象の志向的内在」として語っていた。対象の「像」は紛れもなく作用の中に存在し、しかしその「現物」は決してこの現実世界の中には存在しない、と考えれば、ここに何も不都合はないのではないだろうか。
つまり、この解決策は、志向性テーゼと無対象表象テーゼを以下のように読み替える。

志向性テーゼ：すべての作用には対象すなわち心的像が存在する。
無対象表象テーゼ：すべての作用に対象すなわち現実世界の現物が存在するわけではない。

こうして、両者は一見同じ「対象」という言葉を使っているものの、じつは異なるもの、つまり前者は心的像、後者は現実世界の中に実在するような現物を指していると考えれば、異なる別のものの話をしているのだから矛盾しない、というわけである。
しかし、フッサールはこの考えを明確に否定する。『論理学研究』以前の一八九四年の草稿「志向的対象」の中で、フッサールは以下のように述べる。

ここでは、いかなるためらいも疑念も多くの大衆を苦しめはせず、彼らはすぐに決定を済ませてしまう。もちろん我々は、対象がまったく実在しないときにもそれを表象する。というのも、それを表象するというのはそれに対応する心的な像をもつことを意味するのであり、一般に被写体が存在しなくとも像が実在しうるのと同様、ここでもそうなのである。表象の内実は存在と不在によって影響されず、想像の像はその中にあるのであり、対象があったりなかったりするのはその外である。表象は、対象があるかないか、あるようになるかならないか、あったかなかったか、いずれの場合にもまったく影響されないのである。(Hua XXII, p. 304)

ここでフッサールが、いま検討している解決策の話をしているのは明らかだろう。対象がまったく実在しない、たとえばペガサスやホームズについてであっても、我々はそれを表象する、つまりそれについての作用を持つことがある。しかしこれは単に我々が何か心的な像を持っているということを意味しているに過ぎず、像があるからといってその像の被写体となるような現物があるとは限らない。もしそうでなければ、彫像が存在するギリシア神話の神々はすべて実在しなければならないだろう。対象の現物が存在しようとしまいと、表象ないし心的作用の志向性にはいっさい影響はない。というのも、その志向性は現物ではなく心的な像の作用への内在によって説明されるからである。それに対応する被写体となるような現物が現実世界に実在するかどうかは、その作用が内在する像によって対象への志向性を持つ、というその志向性の内実にとって一切関係がない。過去、現在、未来において対象が実在しようとしまいと、いずれにせよ表象ないし作用にとってそれは影響を与えないのである。

しかし、大衆が安易に即断してしまう考え方として紹介されていることからも明らかなように、フッサールはこの解決策を否定する。その理由は、志向性テーゼの述べる「対象」が、そもそも我々がいったい「何について考えているのか」というその主題、そこで問題になっているものが何なのかを定めるまさにそのものだからである。このことを説明していこう。

私がシャーロック・ホームズについて憧れを抱き、あんな名探偵になりたいと思っているとき、私はまさにシャーロック・ホームズを主題とし、シャーロック・ホームズという人物を問題にしている。だからこそ、「ワトソンのようになりたいんですか」とか、「モリアーティに憧れているんですか」と問われれば、「いや、そうじゃない。私が憧れているのはホームズだ」と言えるわけだ。また当然ながら、この憧れは他の名探偵たちへの憧れとも異なる。その憧れはエルキュール・ポワロへの憧れでもなければエラリー・クイーンへの憧れでもなく、ピーター・ウィムジィへの憧れでもない。私は彼らについては知らないかもしれないし、知っていたとしてもホームズへの憧れのような感情は抱かないかもしれない。私がいまどういう思考や感情を抱いているのか、その憧れという感情の内容にとってまさにそれが「ホームズについての」憧れであるという事実は本質的だ。そしてまた、誰についてでもなく何についてでもなく、特に主題となる対象なしにただ憧れを抱く、ということは不可解だろう。この意味で、憧れのような心的作用は本質的に志向性を持つのであり、それが何についての憧れなのか、その憧れが何を主題とし、いま何が問題になっているのかという意味で、その憧れの「対象は何か」ということが定まっていなければならない。この意味での「対象への方向性」、いわば「対象の特定性」こそが志向性なのである。

そうであるなら、無対象表象の志向性の対象を「心的な像」として考えることはできない。これはいま検討していたようなフィクションの対象についてもそうであると思われるが、まずは科学の事例から考えてみよう。惑星ヴァルカンについてかつての科学者たちが考えているとき、そこで問題になっている主題は心的な像ではない。彼らは、自分の心の内にある心的な像が水星の近日点移動に影響を与えていると考えていたのではないし、心的な像が太陽系の水星より内側の軌道を公転していると考えていたのでもない。彼らは、現実世界に実在する物理的対象としての惑星ヴァルカンが水星の軌道に因果的な影響を与えていると考えていたのだし、まさにその物体が水星の内側の軌道を動いていると考えていたはずである。彼らが様々な予想や判断を下していたのはその惑星ヴァルカン、その現物についてのはずである。そうでなければ、彼らは惑星ヴァルカンを探そうとして空に望遠鏡を向けはしなかっただろう。彼らが探しているもの、その探求の対象がもし心的な像であったなら、彼らが望遠鏡を向けるべきは空ではなく、自身の頭の中であっただろう。いや、もしそうなら、望遠鏡はそもそも必要がない。彼らは自身の心のうちに既に求める心的な像を見ていただろうからである。つまり、彼らが探していたのがもし自身の心のうちの心的な像であったなら、おそらく彼らは探そうとするや否や容易にその求めていた対象を見つけられたはずなのである。自らの頭の中、心の中ではなく空へと望遠鏡を差し向け、宇宙のかなたを探していたということは、もちろん彼らが探していたのは心的な像ではない。それゆえに、彼らの見つけたいと欲するその願望の心的作用の志向性の対象は、現実世界に物体として実在する惑星ヴァルカンその現物でしかあり得ないのである。だとすれば、志向性テーゼにおいてすべての作用が持つとされている対象、つまり「いったいその作用で何が主題になっているのか」というその「対象」を、心的な像として読み替えることは決してできない。これは、惑星ヴァルカンについての思考のような無対象表象の場合であってもそうなのである。

フィクションの事例についても確認しておこう。私がホームズに憧れを抱くとき、確かに私の思い描くホームズのイメージ自体がとても恰好がよい、ということももちろんあるだろう。しかし、それでもやはり私が「あんなふうになれたらいいなぁ」と思うとき、私は何も心的なイメージになりたいわけではない。「ドラえもんがいたらいいなぁ」と思うときにも、私は何も「ドラえもんの心的なイメージがあったらいいなぁ」と思っているわけではないだろう。もちろん、漫画家を志しているなどの理由で、心の中にドラえもんのイメージを鮮明に描き出せるようになりたいと、イメージそのものを望んでいる人というのもいないとは限らない。しかし、「ドラえもんがいたらいいなぁ」と夢想する人が望んでいるのはそれではないだろう。

いずれにせよ、惑星ヴァルカンのような後から非存在が明らかになった事例であれホームズやドラえもんのようなフィクションの事例であれ、無対象表象の志向性の対象が心的な像ではあり得ないのはまさにその非存在を主張する判断を考えればより明白となる。我々は「惑星ヴァルカンは存在しない」とか、「ホームズは存在しない」と述べる。もしここで我々が問題にしているのが心的な像であるなら、我々は心的な像についてそれが存在しないと述べていることになる。しかし、無対象表象の場合でも存在すると考えられるからこそ心的な像が持ち出されたのではなかっただろうか。つまり、無対象表象において「存在しない」と言われているまさに当のその対象、その表象が表象しているまさにその志向性の対象は、決して心のうちにまさに実在している像ではあり得ないのである。

このように、作用の志向性の対象、いわゆる「志向的対象」とは、その作用において「何が問題になっているのか」というその当の対象のことである。何かが存在する、存在しないという議論をしているときには、いったい「何が」存在するかしないかを問題にしているのか、というその当の主題こそが志向的対象であり、何かに憧れているときにはいったい「何に」憧れているのかというその当の憧れの対象が志向的対象である。それゆえ、惑星ヴァルカンが存在するかどうかを検討する際に問題になっているのは惑星ヴァルカンそのものでしかあり得ない。彼らは決して自分たちの頭の中にヴァルカンのイメージが存在するかどうかを議論などしていないからである。

それゆえ、じっさいにはその対象が実在しないような非存在対象に関する思考を我々が展開するとき、その主題となっている志向性の対象は、イメージのような心的代替物ではなく、対象の現物でなければならないように思われる。これを「同一性テーゼ」と呼ぶことにして、上記の「志向性テーゼ」、「無対象表象テーゼ」とまとめておこう。なお、これらのテーゼの名称はフッサール自身が用いているものではなく、説明の便宜上採用したものである。

志向性テーゼ：すべての作用には対象が存在する。

無対象表象テーゼ：すべての作用に対象が存在するわけではない。

同一性テーゼ：志向性テーゼの述べる「対象」とは心的代替物などではなく対象の現物そのもののことであり、したがって上の両テーゼが述べる「対象」は同じものである。

しかし、同一性テーゼを認めるならば、我々は一見して矛盾する上のふたつのテーゼの内容を「それらはじっさいには異なるふたつのものについての主張なのだ」という仕方で解釈することはできなくなる。つまり、志向性テーゼの言う「対象」を心的代替物として読み替えるタイプの矛盾の解消策は採用できないことになり、問題が振り出しに戻されてしまう。いったいこの問題をどう考えたらよいのだろうか。

要点はこうである。私が本書のこの原稿の進捗に苦しみ、「ドラえもんがいたらよかったのになぁ」と言うとき、そこで問題になっているのは漫画家の描いた絵でもなければテレビの画面に映し出された映像でもなく、私の心に浮かぶイメージでもない。こうしたものがいくらあっても私の執筆の助けにはならない。私が望んでいるのは、あくまでも現実の、つまりじっさいにひみつ道具を駆使して多くの実現困難な願いを叶えてくれる、あの本物のドラえもんなのである。「ドラえもんがいてくれたらなぁ」というこの願望が満たされるかどうか、言い換えれば「君の願望を満たすものを持ってきたよ」と言われたときのその当否が関わっているのは、絵でも映像でもイメージでもなくドラえもんそのもの、その実物でなければならない。

このことは、惑星ヴァルカンのような事例でも同様である。「惑星ヴァルカンはきっと実在する」と固く信じている科学者にとって、その主張の当否、あるいはその主張内容を表す文の真偽は、いかなる心の中のイメージによっても決まらない。ここで問題になっているのは、想定された通りの位置に想定された性質を持って実在する現実の惑星でなければならない。この科学者にとって、「君の言うとおりだよ、だって惑星ヴァルカンは君の心の中にいまありありと存在するからね」と言われることは何の満足にもならない。彼が信じているのはそのことではないのだ。つまり、この信念がじっさいのところ真であるか偽であるかという（彼にとって切実な）問題にとって、心の中のイメージは無関係であり、現実の惑星がしかじかの位置に発見され、確かにそこに在るという条件が満たされるときにのみ、その信念は真なのである。

このように、その内容が真であるか偽であるか、ということにとって何が関わってくるのか、何を調べれば、何によってことの真偽が決まるのか、という観点からその内容が何を対象としてるのかを考えることができる。「ヴァルカンは存在する」や「ドラえもんは存在する」といった主張が心の中のイメージについてのものでないのは、その主張内容の真偽が心の中のイメージを調べても決まらないからだ。それゆえ、こうまとめることができる。志向性の対象とは、それを調べればそれによって当の事柄の真偽が決まるような、そうしたもののことなのではないか、と。

このアイデアを体系的に理論化したのは、ゴットロープ・フレーゲ（一八四八―一九二五）という哲学者である。フレーゲは、フッサールより十年ほど年長でほぼ同時代に活躍したドイツの数学者・哲学者であり、現代論理学や現代言語哲学の祖として知られている。彼の議論はフッサールのものよりも体系的に一貫した形で明瞭に提示されており、それゆえここでも一度フレーゲのアイデアを概観しておくことは有益である。フレーゲを経由することは、フッサールの議論を理解するためにも大いに役立つことが後に明らかとなる。次章ではフッサールが志向性の謎をどのように解明したのかを明らかにしていくが、そのための準備としてまずはフレーゲの議論から始めることにしよう。

第二章

志向性と真理

——真偽に関与するものとしての「対象」

第一節　フレーゲの意味論

前章で問題を提示した志向性の謎を解くために、ここでは一度フッサールを離れてフレーゲの「意味」の理論を紹介する。ただし、ここで言うフレーゲの「意味」とは、我々が通常この言葉で理解するものとは少々異なっている。しかし、それは我々の使い慣れた用語法とまったく無関係というわけではない。たとえば以下のような場面を例に取ろう。

教室で世界史の教師が以下のように述べることを想像してみよう。「一八〇六年、こうしてイエナの戦いはフランス側の勝利で終わりました。この戦いの勝者、すなわちそれはナポレオンを意味していているわけですが、彼はその後ライン同盟を結成し、ここに神聖ローマ帝国は終焉を迎えることになります」云々。我々はこのように用いられた「意味する」を自然に理解することができる。この意味では、「イエナの戦いの勝者」も「ワーテルローの戦いの敗者」も共にナポレオンを意味するし、「明けの明星」も「宵の明星」も共に金星を意味する。「最小の正の偶数」も「最小の素数」も「504の最小の素因数」もすべて同じ数、すなわち2を意味する。

しかし、我々はこれとは異なる仕方でも「意味」という言葉を用いている。「イエナの戦いの勝者」は「イエナの戦いと呼ばれる戦いで勝利した者」を意味しているのであって、他の戦いのことは述べていない。「ワーテルローの戦いの敗者」はある戦の敗者を意味しているのであって、他の戦いの、まして勝者のことは意味していない。つまり、「イエナの戦いの勝者」と「ワーテルローの戦いの敗者」がまったく同じことを意味しているのか、それらは同義なのかと問われれば、もちろんそんなことはないのだ。我々は、「イエナの戦いの勝者」と「ワーテルローの戦いの敗者」という言葉の双方の意味していることは理解しつつ、かつそれが誰なのかを知らない、つまりその名指されている対象がナポレオンであることを知らない、ということがありうる。この場合、我々は双方の意味を理解しつつ、それが同一人物であることを知らない、ということになるだろう（もちろん、それがナポレオンであることを知る前に同一人物であることを先に知るということもあり得ないわけではない。しかしここではそうでない場合を想定している）。だが、もしそのふたつの表現がまったく「同じ意味」を持っているなら、つまり完全に同義であるなら、そんなことは起こらないだろう。たとえば、「細君」というのは「妻」と同義だ、と説明されたとき、「なるほど、あなたの妻は存じ上げていますが、ではあなたの細君は誰なんでしょうか」と尋ねる人は話を聞いていなかったか、または「同義」の意味がよくわかっていない人だろう。本当に同義なのであれば、それは同じものを指すはずである（ただし、文脈依存的な表現の場合には同義な表現、あるいはそもそもまったく同じ表現でさえ、発話の文脈に応じて異なる対象を指すこともある。たとえば、「今日」と昨日発話したときと明日発話したときでは指している日付は異なる。同様に、「あなたの妻」も場合によっては異なる時点で異なる対象を指すこともあり得るが、しかし先述の事例はそのような場合ではない）。

要するに、「イエナの戦いの勝者」と「ワーテルローの戦いの敗者」は共にナポレオンを意味する、と言えるような「意味する」の概念と、「イエナの戦いの勝者」と「ワーテルローの戦いの敗者」は異なることを意味する、と言えるような「意味する」の概念を我々は両方持っている。フレーゲは、ドイツ語で「意味」を表す単語に"Bedeutung"と"Sinn"のふたつがあることを利用して、前者の意味概念を"Bedeutung"、後者を"Sinn"と呼び分けた（ただし、正確にはフレーゲのこれらの用語は日常的な「意味」の概念と完全に対応するわけではない。これについてはフレーゲのこのふたつの用語についての以下の解説を参照）。日本語でフレーゲの用語を訳す際には、前者を「意味」、後者を「意義」と訳し分けるのが通例である。つまり、「イエナの戦いの勝者」と「ワーテルローの戦いの敗者」は共にナポレオンを意味（Bedeutung）として持ち、それぞれに異なる意義（Sinn）を持っている。

ここまでは日常的な「意味」の概念の用いられ方から十分に理解できる。「明けの明星」と「宵の明星」の意味（Bedeutung）はそれが名指す当の対象である金星であり、それぞれが「明け方の空にひときわ輝く惑星」、「夕方の空にひときわ輝く惑星」といった（互いに異なる）意義（Sinn）を持つ。意味（Bedeutung）とは大雑把に言ってその表現が名指す対象、いわゆる指示対象（指し示された対象）であり、意義（Sinn）とは大雑把に言ってその指示対象がどのようなものとして指し示されるのか、その提示のされ方、与えられ方である。

ところが、フレーゲはこの理解からすると一見して奇妙なことを主張し始める。「イエナの戦いの勝者」や「明け方の空にひときわ輝く惑星」のように人や物を名指す表現だけでなく、「イエナの戦いの勝者はコルシカ島の出身である」のような文も「意味（Bedeutung）」を持ち、しかもその「意味（Bedeutung）」とは「真」か「偽」かの真理値であり、文というのは真理値を指す固有名であると言うのである。

> このように考えるならば、我々としては、文の真理値をその意味として認めざるをえなくなるであろう。文の真理値とは、その文が真であったり偽であったりするという事情（Umstand）である。それ以外の真理値はない。簡単にするために私は、一方を真（das Wahre）、他方を偽（das Falsche）と名づける。したがって、語の意味が問題となるすべての主張文は、固有名として理解すべきである。つまり、その意味は、それがあるとすれば真か偽かのいずれかであるということになる。（フレーゲ 1999, p. 80）

「真理値」という概念には馴染みのない読者も多いと思われるので、説明しておこう。ドイツ語でWahrheitswert、英語でtruth valueであるが、じっさいには「価値」の意味合いはさほど強くない。むしろ、文が持っている、あるいは文に割り振られるある「値」と考えるのが自然である（この点は、後程「意味論的値」および「意味論」の話をする際により明らかになるだろう）。

たとえば、我々は様々な性質・特性を値として持っている。身長はどれだけであるか、体重はどれだけであるか、といった様々な値が、健康診断の際にはデータとして記録されるだろう。それによって、たとえば医師が診察する際、血圧の値が知りたくてその患者のデータを検索すれば、血圧の値が数値として返ってくる。これは、数値化されないデータであっても同様である。たとえば、医師が輸血のために患者の血液型が知りたいと思えば、（先程の血圧の値の代わりに）血液型のデータが値として返ってくるだろう。あるいは、何らかの検査を行った場合に陽性、陰性といったデータが値として記録されることもある。こうしたデータは、それが必要な患者名を入力すると必要な値を返すような一種の「関数」の値として見ることもできる。身長、体重、血圧や血液型といった性質・特性は、しかるべき測定や計算の結果として出力されて返ってくる値とみなすことができるわけである。

同様に、「イエナの戦いの勝者はコルシカ島出身である」のような文についても、様々な性質や特性を値として考えることができる。たとえば、文全体の文字数を数えて結果を返すような関数を考えれば、この文のいわば「文字数値」として「20」という値が返ってくる。あるいは、たとえば文全体に漢字が何文字含まれているかの「漢字数値」、その文が常体（だ・である体）か敬体（です・ます体）かの「文体値」を考えることもできるだろう。一般に、文にとって文字数や漢字の個数が多い方がよいとも少ない方がよいとも一概には言えないから、ここでいう「値」とはそれによって優劣が序列づけられるような「価値」の意味合いはほとんどない。これは血圧や血液型の場合でも同様であろう。もちろん適正な血圧というものはあるだろうが、「血圧値」というのはそれがあればあるほどよい、高ければ高いほどよいというような意味での「価値」ではない。

さらに、文に対してはそれが真であるか偽であるかという性質を調べることができるだろう。たとえば、世界史の正誤問題が並んでいる問題集を眺めるとき、そこには誤った文も含まれている可能性があるので、その問題文をそのまま丸暗記するのは得策ではない。それゆえ、世界史を勉強しようとする学生・受験生は「この中のどの文が真でどの文が偽なのか」を知ろうとするはずである。そして、各文ごとに「この文は真、この文は偽」とチェックを入れていくだろう。この、各文に割り振られた「真である」、「偽である」という値が「真理値」と呼ばれる。繰り返すが、この「値」は必ずしも価値的な序列を表していたり数値的なものであったりする必要はなく、単にある性質・特性を表すものとして出力される「値」という意味である。たとえば、「イエナの戦いの勝者はコルシカ島出身である」という文は(じっさいにイエナの戦いの勝者であるナポレオンはコルシカ島の出身であるので)「真である」という真理値を持っている。他方、「イエナの戦いの勝者はシチリア島出身である」は「偽である」という真理値を持っているわけである。このように、真理値はその文が真であったり偽であったりという性質を表すが、値としては単に「真」、「偽」とだけ書いても識別には支障がない。それゆえ、以下では単に「真」、「偽」という二値の値を「真理値」と呼ぶことにしよう。

さて、「真理値」という概念の説明が長くなったが、フレーゲの主張に戻ろう。フレーゲは、文の意味（Bedeutung）は真理値だと言う。つまり、「イエナの戦いの勝者はコルシカ島出身である」という文の意味（Bedeutung）は、「真」という真理値だということになる。「意味（Bedeutung）」という概念は、「イエナの戦いの勝者」がナポレオンという人物を指しているように、その語が指し示す当の対象、指示対象のことだと解することができるのだった。すると、素直に考えるならば、「イエナの戦いの勝者はコルシカ島出身である」という文はイエナの戦いで勝利したナポレオンがかつてコルシカ島で生まれたという事実、あるいは事態、出来事のようなものを指し示している、つまりこの文の意味（Bedeutung）はこのナポレオン生誕に関する事実、出来事だと考えるのが自然ではないだろうか。「イエナの戦いの勝者はコルシカ島出身である」ということの文が、単に「真」という値を名指しているというのはあまりに不自然ではないだろうか。それでは、「イエナの戦いの勝者はコルシカ島出身である」という文も、「アルキメデスはシチリア島出身である」という文も、それどころか「カモノハシは哺乳類である」という文も「素数は無限に存在する」という文も、これらすべての文が同じものを指示対象として名指しているということになってしまう。つまり、これらはすべて同じ「真」という値を指すのである。

こうしてみると、フレーゲの主張は一見すると奇妙なものに思われないだろうか。世界史に関する文、地理に関する文、生物に関する文、数学に関する文、そして今日のニュースに関する文や、身の周りの人々に関する文。世の中には様々な事柄に関するじつに多種多様な文がある。それらは、歴史上の出来事や生物の分類や生物の身体の構造、あるいは今日のニュースになるような出来事や身の周りの人々に関する事実について、それらの事実や事態を名指していると考えるのが自然だろう。ところが、フレーゲの主張を真に受けるなら、これらの文のうち真であるもののすべてが、同じ「真」というただひとつのものを名指しているということになるように思われるのである。

第二節　真理値ポテンシャルあるいは意味論的値

じつは、フレーゲのこうした主張は、「意味（Bedeutung）」という概念と真理の概念との結びつきによって一貫した仕方で体系的に理解できると主張した研究者がいる。この主張は、主としてエルンスト・トゥーゲントハットとマイケル・ダメットによるものである。トゥーゲントハットは現代英米圏のいわゆる「分析哲学」の伝統に基づいてフッサールやハイデガーらの「現象学」のテクストを解釈することを試みた先駆的な研究者のひとりであり、ダメットは分析哲学の伝統におけるフレーゲ解釈のスタンダードを作り上げた人物である。

彼らは、「真理値ポテンシャル」（トゥーゲントハット）ないし「意味論的値」（ダメット）という概念を用いてこのことを説明している。これらは、一言で言えばある表現の意味（Bedeutung）を「文全体の真理値への寄与」として説明するものである。名前の意味（Bedeutung）が指示対象であるとか、文の意味（Bedeutung）が真理値であるといった主張は、じつはこの説明から導かれるものだ、というのである。たとえば、「イエナの戦いの勝者はコルシカ島出身である」という文は真であり、「浮力の原理の発見者はコルシカ島出身である」という文は偽である。このように事実として真理値が違う以上、前者の主語である「イエナの戦いの勝者」という表現と後者の主語である「浮力の原理の発見者」という表現は、それらが出現する文の真理値を決める上で異なる仕方の寄与をしているはずである。つまり、前者はナポレオン、後者はアルキメデスという異なる人物を指すことによって、同じ「コルシカ島出身である」という述語に結びつけられたときにも一方は真となり他方は偽となる。主語の表現は実際のところいったい誰を指すのか、ということがわかればこうした文の真理値はわかるから（そしてそれがわからなければ真理値の調べようがないから）、こうした主語表現すなわち名前の「真理値への寄与」、つまり真理値ポテンシャルは指示対象であるということになる。

述語についても同様である。「ナポレオンはコルシカ島出身である」という文は真だが、「ナポレオンはシチリア島出身である」という文は偽である。ということは、これらふたつの述語はそれらが出現する文全体の真理値に対して異なる寄与をしていることになる。つまり、前者はナポレオンについて当てはめると真になるような述語であり、後者はナポレオンについて当てはめると偽になる（その代わりアルキメデスに当てはめると真になる）ような述語である。それゆえ、述語の真理値ポテンシャルとは、どの対象に当てはめると真になり、どの対象に当てはめると偽になるかということがわかるものでありさえすればよい。そこで、述語の真理値ポテンシャルとは主語の指示対象から真理値への関数であると考えることができる（馴染みのない読者にはこの考え方は飲み込みづらいと思われるので、後程別の例でも説明する）。いずれにせよ、名前や述語の真理値ポテンシャルはあくまで「ポテンシャル」であって、それ自体はまだ真理値ではない。「ナポレオン」や「コルシカ島出身である」はそれ単独では真でも偽でもないからである。これらはあくまで、他の表現と組み合わさって文の中に現れた時に、全体としてその文を真ないし偽にするための、潜在的なポテンシャルを持つに過ぎないのである。

では、文の真理値ポテンシャルとは何だろうか。主語や述語の部分に現れる言語表現とは違い、文そのものは既に完結した全体なのだから、この文全体の真理値を知るために必要なのは、端的に「その真理値が何であるか」ということだけである。トゥーゲントハットは、おおよそこのような仕方で「文の意味（Bedeutung）は真理値である」というフレーゲの見解を擁護している。しかし、この議論はこれだけではやや不十分である。真理値ポテンシャルとは、「その表現が部分として現れる様々な文の真理値がどうなるか、ということへのその表現の寄与」を定めるものであった。それゆえ、文の真理値ポテンシャルが何であるかは、その文を部分として含む複合的な文の真理値を算定するために何が必要か、という観点から考えねばならない。たとえば、「ナポレオンはコルシカ島出身であるか、またはアルキメデスはコルシカ島出身である」という複合文は真であり、「ナポレオンはコルシカ島出身であり、かつアルキメデスもコルシカ島出身である」という複合文は偽である。このことを知るには、両者の複合文の「または」や「かつ」で繋がれたそれぞれの文は一方が真であり他方が偽である（それゆえ両者共に真であるわけではない）ことがわかれば十分である。というのもそれがわかれば、「または」や「かつ」という語の意味からして前者は一方の文が真でさえあれば全体として真になり、後者は双方の文が共に真でなければ真にならないのだから、結果として前者は真で後者は偽とわかるからである。ダメットが適切に指摘しているように、フレーゲはこうした考察によって、文の意味（Bedeutung）は真理値だという見解に導かれたと言ってよいだろう。また、いま見た事情から明らかなように、「かつ」や「または」のような接続表現の真理値ポテンシャル（したがって意味（Bedeutung））は、「それが繋ぐそれぞれの文の真理値から複合文全体の真理値への関数」である。このように、「真理値ポテンシャル」という考え方を用いれば、通常の意味での「指示対象」を名指すのではないような表現、つまり「コルシカ島出身である」という述語や、「ナポレオンはコルシカ島出身である」のような文、「かつ」や「または」のような接続表現であってもその意味（Bedeutung）を自然に考えることができる。

以上のような事情を、別種の例でも説明しておこう。たとえば、「7番目の素数は一の位が7である」という文を考えよう。この文の真理値を知るためには、主語「7番目の素数」が指すものが何であるのかを知らなければならない。そして、これが17であるとわかれば、次に「一の位が7である」という述語がどのような対象について真となるのかを知らなければならない。これが7, 17, 27, 37, ……について真であり、それ以外の数については偽であるような述語であるとわかれば、最終的にこの文の真理値を知ることができるだろう。それゆえ、「7番目の素数」という表現の真理値ポテンシャルはそれが名指す17という対象であり、「一の位が7である」という述語の真理値ポテンシャルは「7, 17, 27, 37, ……といった数に当てはめると真理値「真」を返し、それ以外の数に当てはめると真理値「偽」を返すような関数」である。こうした真理値ポテンシャルのことを、フレーゲは「意味（Bedeutung）」と呼んでいるのである。以上が、トゥーゲントハットやダメットのフレーゲ解釈の第一の要点である。

しかし、「それらが組み合わされて最終的に文全体の真理値を決めるような、各々の部分表現が潜在的に持っている真理値への寄与」を「真理値ポテンシャル」と呼ぶことは自然であるとしても、ダメットの「意味論的値」という用語にはこうした真理値との結びつきは反映されているのであろうか。じつはダメットは初めは「意味論的役割（semantic role）」という用語を用いており、のちに「意味論的値（semantic value）」という用語に変更したのだが、いずれにせよ現代の論理学や言語哲学、言語学などで用いられる形式的な「意味論」に馴染みのない読者には、この用語のニュアンスはそれほど明らかではない。そこで、現代のこうした分野において「意味論」という言葉が何を意味しているのかを明らかにしておきたい。

第三節　構文論と意味論

言葉の意味とは何かを考える上で、知らない言語を新たに学ぶためには何を知ればよいかを考えることは有効な戦略だろう。たとえばドイツ語を新たに学ぶために知るべきことを一通り知り、ドイツ語を使いこなせるようになった人は当然ドイツ語の個々の表現の意味も知っていると思われるからである。

そこで、その言語をまったく知らない人、あるいはコンピュータに、新たな言語を教えることを考えてみよう。わざわざコンピュータを例に考えるのは、人間であれば感覚的に済ませてしまうことを明示的にルールとして教えなければならないため、我々が言語を処理する際に正確に言って何をやっていることになるのかをより明確にできると考えられるからである（プログラミングの教育では、我々が普段何気なくやっている一連の処理が明示的に言うとどのような手順・手続きに従ってなされているか、つまりアルゴリズムを明確にすることが最初の重要なステップになる）。

さて、まったく未知の言語を学ばせる場合、我々はまず初めに何を教える必要があるだろうか。我々が英語やドイツ語、フランス語などのヨーロッパの諸言語を大学で学ぶ場合にはしばしば既知のものとして素通りしてしまうので見逃しがちではあるが、言語を学ぶためにまず必要なのはその言語で用いる「文字」を覚えることである。いわゆるアルファベット26文字を正しく識別できずに英語をマスターすることはできない（もちろん音声だけで英語を学ぶことも可能ではあるが、いずれにせよ対応する音の単位を覚えなければならないし、ここでは文字を使って考えることにする）。初めて学ぶ文字の場合、これだけでもそれなりに労力は要るが（とりわけ漢字の場合はかなりの数に及ぶが）、あくまで有限個の文字を覚えるだけであり、丸暗記すれば足りる。コンピュータに覚えさせるのはなおさら容易である。

文字を覚えたら、次は単語を覚える必要がある。「単語を覚える」という場合、我々は普通様々なことを同時に考えている。まずそもそも「どの文字列が単語であるか」、つまり「みかん」は日本語の単語であるが「んみか」はそうではない、ということ、つまり辞書で言えばそもそも何が見出し語に並んでいる単語のリストに含まれるか、ということを知る必要がある。そして、辞書に載っている他の事柄、つまりその単語の品詞（名詞か動詞かなど）や活用の種類（日本語であれば何行何段活用か、英語であれば規則動詞か不規則動詞か、ラテン語であれば第何変化名詞かなど）、訳語ないし語釈を覚えていくことになるだろう。こうした様々なレベルの知識を我々はまとめて「単語を覚える」と一言で済ませてしまうが、ここでは「単語を覚える」とはそもそも「どの文字列がその言語の単語として語彙に含まれるか」を覚えること、すなわち辞書で言えばそもそも見出し語に何が並んでいるかだけを純粋にリストとして覚えることだけを考えよう。この作業は、初めに文字を覚えた作業と同様、有限個のリストを丸暗記するだけで原理的には達成できる。もちろん辞書の見出し語を丸暗記するのはしばしば人間には困難であるが、コンピュータには容易であるし、人間でも必要な範囲に限定された断片（つまり学習用の初歩的な辞書の見出し語）であれば可能だろう。ここまでの仕事は、文字の特定の並びを正しい単語の綴りとして他の文字列から区別できるよう、文字と単語をただ記憶するだけで足りる。文字と語彙が有限であれば、これはコンピュータには容易に可能な有限的なタスクである。

問題は次のステップだ。上記の意味で単語をすべて丸暗記したとしても、まだまだ言語を習得したことにはならない。これではまだ、単語をどのように並べればよいかもわからないからである。「私」、「は」、「教師」、「です」がすべて日本語の語彙に含まれることを知っていたとしても、それをこの順で（つまり「私は教師です」の順に）並べれば（文法的に正しい）文になり、「はです私教師」の順に並べても（文法的に正しい）文にはならない、ということを知らなければ日本語を扱うことはできないだろう。つまり、言語を学ぶためには語彙の他に文法が必要である。ここで言う「文法」とは、与えられた単語列がその言語の文法的に正しい文であるか、それとも文法的に成り立っていない出鱈目な単語の並び（非文）であるかを判定するために必要なもののことを言う。問題は、この「文と非文の区別」は文字や単語のときと同様の単なる丸暗記によっては達成できない、という点である。

ある言語の用いる文字というのは高々有限個である。その言語で用いる単語も（合成語を作る体系的な方法があれば原理的には無限個の語彙ということもあり得るが）通常は有限個である。ところが、単語を組み合わせて文法的に正しい文を作る仕方というのは、通常無限に存在する。たとえば、「私」、「は」、「教師」、「です」、「が」、「の」、「息子」、「ではありません」といった語が日本語の語彙であるなら（「ではありません」は通常の日本語文法では一語とはみなされないだろうが、ここでは簡便さのために一語として扱う）、これらから「私は教師です」や「私の息子は教師ではありません」だけでなく、「私は教師ですが、私の息子は教師ではありません」や、「私の息子は教師ですが、私の息子の息子は教師ではありません」、「私の息子の息子は教師ですが、私の息子の息子の息子は教師ではありません」といった文、「私は教師ですが、私の息子の息子は教師ではありませんが、私の息子の息子の息子の息子は教師です」といった文を次々と作ることができる（句読点の扱いについては省略する）。「が」や「そして」、「または」や「なぜなら」といった接続表現を用いて次々に文を繋いだり、「の息子」のような表現を連鎖的に用いて修飾を膨らませていけば、原理的には無際限に文を伸ばしていくことができる（現実的には限度があるが、しかし現実的に意味をなさなかったり発話不可能なほど長い文であっても、文法的に正しく文と認められる表現であることに変わりはない）。それゆえ、この言語の正しい文字や単語をすべて並べたリストを丸暗記したような仕方では、「この言語の文法的に正しいすべての文」のリストを丸暗記することはできない。それは、人間の記憶力には膨大過ぎるからではない。そうではなく、文字や単語と異なり文は無際限に生成されていくため、有限のリストには収まらず、どんな大容量の記憶媒体にであっても原理的に収まらないからなのである。

そのため、文法を学ぶには、我々は正しい文のリストの暗記ではなく、正しい文の「生成方法」を知る必要がある。「与えられた文字列が文であるかどうかを判定する」という角度から言えば、文字列の正しい「分解」方法とそれが正しく組み立てられていたかどうかの「計算」方法を知らなければならない。「計算」と言うと唐突な印象を与えるかもしれないが、コンピュータが文字列を一字一句読みながら内部で一定の手続きで処理を行い、最終的に「文」または「非文」という結果を吐き出すプロセスとして考えれば、これは一種の計算手続きと言ってよい。とはいえ、こうした話題に馴染みのない読者にはすぐにはピンとこないと思われるので、具体例で示しておこう。

たとえば、Michael、Gareth、David、Saul といった人名と、runs、walks、likes、hates、knows といった動詞（通常は単語として示す際には三単現の s のつかない原形で示すが、ここでは三人称単数現在しか用いないので、単純化のためにこれらの動詞はそもそもこういう語形なのだ、と考える）から成る単純な英語断片を考えよう（ここでいう「断片」とは、ある言語から語彙を制限して得られた部分を指す）。この英語断片の文法的に正しい文は Michael runs や David hates Saul などであり、文法的に誤っているため文にならない非文となる単語列は、Gareth walks Saul や Michael likes、David knows などである（じっさいには場合によってはこれらの文も有意味になりうるが、ここではそれぞれの動詞を最も一般的な用法で用い、また文脈を補わずにそれだけで文法的に完成した省略のない文だけを考える）。この断片の文法的に正しい文は有限個なので、コンピュータであれば丸暗記させることもできる。しかし、一般的には文の個数は無限個になり得、また有限個の場合であっても人間にはもっと効率の良い教授法があるので、丸暗記以外の方法を考えよう。

容易にわかる通り、この断片において Michael runs、Gareth runs、David runs、Saul runs がすべて

文であることをそれぞれ別々に覚える必要はない。これらはすべて「人名のあとにrunsが来たら文になる」という規則によってまとめて処理することができる。さらに、これらとMichael walksも別々に覚える必要はない。これらは、「人名のあとに自動詞が来たら文になる」という規則によってまとめることができる（正確には、これらは自動詞の中でも補語を要しない完全自動詞であると言うべきだが、ここでは他動詞との区別だけで十分なので省略する）。同様に、Michael likes Gareth、David hates Saul、Saul knows Michaelといった文も、これらをバラバラに丸暗記する必要はない。これらはすべて、「人名のあとに他動詞、それに続けて人名が来たら文になる」という規則によって処理することができるからである。

　こうした処理を行うためには、文法を教わっているコンピュータ、ないし人間は、それぞれの単語が文法的にどのグループに属する単語か、つまり品詞ないしより詳細な区分を知っていなければならない。逆に、それさえ知っていればあとは一般的な規則によって組み合わせが正しく行われているかをチェックし、有限的な手続き（いわゆるアルゴリズム）によって、与えられた単語例が文か非文かを判定できる。それゆえ、それぞれの単語が持っている品詞（ないしもう少し詳細な文法的カテゴリー）という性質は、こうした文法的判定を行う上で計算に使用するために各単語に割り振られている「値（あたい）」であると考えることができる。こうした、文と非文の区別を行うという意味での文法の働きを「構文論」と言う。それゆえ、（あまり一般的な言い方ではないが）こうした品詞（ないしもう少し詳細な文法的カテゴリー）のことをいわば「構文論的値」であると言うことができるだろう。

以上の英語断片であれば有限個の文しか含まないため丸暗記でも原理的には対応できるが、これにand、orを加え、文と文を接続して新しい文を作れるようにすると、無際限に文を生成できるようになる。たとえば、Michael likes Saul and Saul likes Michael、Gareth hates David or Gareth hates Saul、Michael knows Gareth or Michael knows David or Michael knows Saulというように。こうした接続詞を含まない元々の文が有限個しかないのだから、つないで得られる文も有限個ではないか、と思われるかもしれない。しかし、同じ文を繰り返し何度もandやorでつないだ文でも、文法的に誤っているわけではない。無意味に冗長で滑稽な文ではあったとしても、文法的に文の形をしていないわけではないのである。それゆえ、たとえば同じMichael knows Saulをandで二回繰り返した文、三回繰り返した文、四回繰り返した文、と際限なく続けていけば、無際限に文を生成することができる。こうして得られる文の総体は無限個の文を含むことになるから、丸暗記でこれに対処することはできない。また、the father of、the mother ofのような表現(仮に親表現と呼んでおこう)の反復適用を考えれば、意味的にも異なる文を無際限に生成できる。こうして拡張した断片であっても、「文と文を接続詞でつないだものは文である」、「名詞句の前に親表現をつけたものは名詞句である」といった規則を付け加え、動詞を使って文をつくるための規則の「人名」の部分を「名詞句」に書き換えれば扱うことができる。たとえば、Michael knows Saulが文なのでこれを接続詞andでつないだものも規則「文と文を接続詞でつないだものは文である」により文である。このことから、再度規則「文と文を接続詞でつないだものは文である」を適用することにより、Michael knows Saul を and で三回繰り返したものも文である。このことから、再度規則「文と文を接続詞でつないだものは文である」を適用することにより、Michael knows Saul を and で四回繰り返したものも文である。このことから、等々とやればよいわけである。同様に、元々の人名も広義の名詞句の範疇に含まれるとすれば、the father of Michael は名詞句、これが名詞句であることから the father of the father of Michael も名詞句、これが名詞句であることから the father of the father of the father of Michael も名詞句、等々と続けてやればよい。こうした反復的な適用を行うために、規則「人名の前に親表現をつけたものは名詞句である」ではなく規則「名詞句の前に親表現をつけたものは名詞句である」の方を採用しているのである。前者の規則では、生成された名詞句に再度親表現をつけたものを扱うことができない。同様に、接続詞を含まない単純な文を単文と呼ぶことにすれば、規則「文と文を接続詞でつないだものは文である」も規則「単文と単文をつないだものは文である」ではダメなわけだ。これでは最初の一回しか規則を適用できない。規則を反復的に繰り返し適用するためには、単文と単文をつなぐだけでなく、そうして新たにつくられた複合的な文をつないでさらに複雑な文をつくることもできるような規則になっていなければならない。つまり、接続詞でつなぐための素材となる表現の文法的カテゴリーは、単文ではなく文でなければならない。反復適用するためには、新しい表現をつくるための素材である元の表現のカテゴリーを、新しく生成される表現をあらかじめ含むような広範囲のカテゴリー（つまり人名ではなく名詞句、単文ではなく文）にしておく必要がある。このため、こうした規則による文法的カテゴリーの定義は、「何が文であるのか」を定める規則、すなわち文の生成方法を述べる規則であるにもかかわらずその適用条件の中に当の「文」という概念が使われ、「何が名詞句であるのか」を定める規則、すなわち名詞句の生成方法を述べる規則であるにもかかわらずその適用条件の中に当の「名詞句」という概念が使われる。つまり、「文」の定義が知りたくて文の作り方を読むと、その中に「文と文とを接続詞でつないだもの」といった仕方で当の「文」という概念が出てくるわけだ。知らない概念の説明の中にその当の概念が出てきたら、堂々巡りになって普通は困ってしまう。たとえば、「オカピ」がどういう動物なのかを知りたくて調べたのに、その説明の中に「オカピから生まれたものがオカピである」などと書かれていたら困ってしまうだろう。上記の規則は、「文」や「名詞句」を定義するのにこれらの概念自体を使っているのだから、これらの規則もある種の「循環的な」定義になっている。

しかし、それではこの定義はまずいのかというと、そうではない。オカピの例ではオカピであるかどうかを調べるために「オカピから生まれているかどうか」を探って延々とその親へ、さらにその親へと遡っていくことになるが、この探索がストップする「最初の先祖」が見つかるかどうかは定かではない。またそもそも、最初の先祖に辿り着いたとしても、そいつがオカピであるかどうかの見分け方を教わっていないのだからどうしようもない。我々は親へ親へと遡ること以外に「オカピ」の何たるかを何も知らされていないのである。これに対して、文についてはそうではない。接続詞を外して、接続詞によってつなぐ前の素材へ素材へと遡っていくところはオカピの場合と同様であるが、目の前に与えられた単語列は有限の長さだから、接続詞を外して分解していけばこの分解のステップは（長さが必ず短くなっていくわけだから）必ず有限回で終わる。そうして接続詞を含まない単語列にまで分解したら、あとはそれらが単文の定義に適っているかをチェックすればよい。主語や目的語にあたる部分が複雑な名詞句になっている可能性もあるが、親表現を外して分解するステップも必ず有限回で止まるはずである。

このように、単文や人名のような初期段階の素材がきちんと定義されている場合には、それらから規則を有限回使って生成されるような生成物の全体も「一見すると循環的な」定義によって十分正確に定義できる（これは数学的に言えば、初期段階の素材をすべて含み、規則による生成に関して閉じているような最小の集合をとる操作になっている）。こうした定義を「帰納的定義」という。

このようにして、さらに名詞句をより様々な語彙（必ずしも人を指すものでない名詞句も含めて）に拡張し、動詞の数を増やし、動詞の取りうる文型をより細かく分類し、形容詞や副詞の取り扱いを含め、と拡充していけば、我々の知る「英文法」が帰納的に定義できるだろう（ただし、通常我々は「文法」ということで単なる構文論だけでなく意味も含めて考えているので、ここで言う「文法」は通常の意味よりも狭い）。だが、たとえこうした「文法」を完全に習得したとしても、その人、ないしコンピュータが英語を理解した、あるいは英語を使えるようになったとは到底言えない。というのも、この人ないしコンピュータは、ある単語列が文法的に正しい文であるか、それとも非文であるかの区別しかつかない。それゆえ、たとえばいま雨が降っているとき、It's rainy today と言うべきか It's sunny today と言うべきか、その区別がつかない。この人ないしコンピュータは、どちらも文法的に正しい文である、ということまでしか教わっていないのである。同様に、目の前の相手に愛を伝えたいとき、I love you と I hate you の区別もつけることができない。それどころか、文法的に正しい文同士の区別は何も教わっていないのだから、これらと Michael hates David や Gareth plays baseball、Cats eat rats、The sun is larger than the earth、等々の区別もつかない。どれも「非文ではなく文である」という意味では同じだからである。これでは到底「英語を理解した」とは言えないだろう。いま状況に適切なのはどれなのか、そもそもこれらはそれぞれ何についての文なのか、そうしたことが構文論にはまったく含まれていない。言い換えれば、構文論しか知らない者にとってその文には志向性がないのである。

それゆえ、言語を学ぶには構文論だけでなく「意味論」も学ばなければならない。雨が降っているときには It's sunny today ではなく It's rainy today を、相手を愛しているときには I hate you ではなく I love you を、それぞれ選ぶための知識が必要である。そのためには何が必要だろうか。どちらも文法的には正しい文である。しかし、いま意味的に正しいのは、つまりこの状況で真なのは後者であり、前者では偽な情報を伝えてしまう、ということを知らなければこれらの文を正しく使うことはできない。でなければ、I love you と I hate you の違いがわからずに間違ったメッセージを伝えてしまう。いま真なのは前者であって後者ではない。それゆえ、構文論が文と非文の区別をつける必要があったのと同様に、意味論はさらに、真な文と偽な文の区別をつける必要があるのである。

しかしもちろん、この意味論のタスクもまた有限の長さのリストの丸暗記という方法では達成できない。というのも、そもそも文が無限個ある以上、真な文と偽な文のリストにもそれぞれ無限個の文が連なると考えるのが自然だからである（論理的な可能性として言えば、たとえ文のリストの総体が無限に続いたとしても、真な文か偽な文のいずれかは有限個で尽きるという可能性はある。しかし、たとえば与えられた文からその否定文をつくる操作が存在する場合には、その操作によって真な文から偽な文を、偽な文から真な文をつねに生成できる。それゆえ、一方が無限であれば他方も無限であると考えられるのである。また、同じ文を「かつ」や「または」で繰り返すような操作が可能な場合には、この繰り返しによって同じ真理値を持つ文を無際限に生成できる。いずれにせよ、こうした論理的操作を含むある程度以上複雑な言語であれば、真な文のリストも偽な文のリストも有限の長さには収まらないのである。それゆえ、意味論は丸暗記によっては達成できない）。それゆえ、真な文と偽な文の識別もまた（文法的に正しい文とそうでない非文との識別と同様に）、文を構成する有限な語彙からの組み合わせに即して成されなければならない。

そこで、文と非文を区別するためにそれらを構成する各語彙にあらかじめ（品詞のような）構文論的値を割り振っておいたのと同様に、真偽を区別するために必要な「意味論的値」を各語彙に割り振ることを考える。たとえば、「ナポレオンはコルシカ島出身である」という文の真偽を知るためには、我々は何を知らなければならないだろうか。「ナポレオン」が名詞であることを知っていれば、この文が文法的に正しい文であることはわかる。それゆえ「ナポレオン」の構文論的値はこうした品詞に類するものでよいのであった。しかし意味論的値はそうはいかない。「富山豊はコルシカ島出身である」という文も同様に文法的に正しい文であるが、この文は偽だからである。この区別ができるためには、「ナポレオン」も「富山豊」もどちらも名詞（あるいは人名）であるというだけでなく、これらがそれぞれ誰を指すのか、つまり前者はあのフランス革命の英雄を指し、後者はこの本の著者であるこの私を指すということを知らねばならない。そもそも誰の話をしているかがわからなければ出身地の真偽などわかりようがないからである。それゆえ、これらの名詞の意味論的値としてはその指示対象を割り当てればよいのではないかと考えられる。誰を指すのかがわかれば、その真偽を調べるためのこれらの名詞の役割は終わるからである。あとは述語の方に着目し、「コルシカ島出身である」という述語がいったいどの対象に当てはまる述語なのかがわかればよい。これはつまり、その述語が当てはまる対象の範囲（「外延」と呼ばれる）、あるいはその範囲内の対象に対して「真」と返し、範囲外の対象に対して「偽」と返す一種の関数が与えられればよいということに他ならない。述語の外延が対象のリスト、あるいは数学的に言えば「集合」として与えられればそれぞれに照らして真偽を判定すればよいし、対象に応じて真理値を返す「関数」が与えられたならばそれぞれに主語の指示対象を入力して結果を見ればよいからである。それゆえ、述語の意味論的値としてはこうした集合か関数かのいずれかを考えればよいわけだ。

このように、「文法」つまり構文論だけではわからない言葉の「意味」を考えるために、文の真偽を識別するタスクを「意味論」として考える。この意味論のために各語彙が持っている必要のあるものこそが「意味論的値」なのだから、この意味論的値とはすなわちそれが出現する文の真理値に対する寄与に他ならないだろう。かくして、トゥーゲントハットが「真理値ポテンシャル」と呼んでいたものをダメットは「意味論的値」と呼んでいるのである。そしてこうした寄与は、文の真理値を決定するという作業の中でその文表現が果たす「役割」と言ってもよいわけだから、それゆえダメットは当初この概念を「意味論的役割」と呼んでいたわけだ。

第四節　形式言語

じつは、以上のような概念を理解するには、日本語や英語のような自然言語ではなく人工的に定義された形式言語を例にとった方がわかりやすいことも多い。そこで、形式言語の場合の構文論と意味論がどのようなものになるのかについても簡単に触れておこう。記号による表記が一見馴染みにくいかもしれないが、一度慣れれば自然言語よりはるかに単純であり、本書で用いる概念の理解もより深まるはずである。とはいえ、どうしても記号に苦手意識のある読者は本節を飛ばしても先の議論の大部分は（第三章第一節を除いて）理解可能なはずである。

はじめに、ごく簡単な形式言語を考えよう。この言語は、g, c, p というみっつの名詞と、W という述語（自然言語でいう動詞と考えてよい）のみを持つ。Wは二項述語であり、ふたつの名詞を伴って文をつくる。たとえば、英語の hate のような他動詞が、「誰が」、「誰を」というふたつの名詞を伴って初めて真偽の定まった文になるのと同様である。我々は David hates Michael のような文の真偽は考えることができるが、hate 単独でこの動詞は真か偽かと問うても意味を成さない。同様に、Wも「何と何に対してこの述語Wを適用したのか」を示すふたつの名詞を伴って初めて真偽の問える文となる。こうして、g, c, p が名詞であること、Wが二項述語（自然言語でいう他動詞のようなもの）であることがわかれば、何がこの言語の文法的に正しい文であるかはそこから判断できる。すなわち、Wにふたつの名詞を組み合わせた単語列、Wgg, Wgc, Wgp, Wcg, Wcc, Wcp, Wpg, Wpc, Wpp の九個の単語列のみがこの言語の文法的に正しい文である（二項述語Wに適用する名詞を並べる位置はWの後ろにふたつ並べる以外にも前にふたつ、前後にひとつずつなど他にもありうるが、こうした形式言語では後ろに並べる流儀が標準的である）。こうした構文論上の判断を下すために必要（かつ十分）だからこそ、名詞や二項述語といった文法的カテゴリーは「構文論的値」と呼ばれていたわけである。この言語はシンプル過ぎて有限個の文しか持たないため、丸暗記でも構文論の仕事は果たせるのだが、複雑な言語への拡張を考えて以上のように理解しておく。

では、さらにこれらの文のうち、どの文が真でどの文が偽であるかを知るには何がわかればよいだろうか。自然言語の場合と同様、そのためには名詞の指示対象が何であるかと、述語がどの対象に当てはまるのかを知ればよい。なお、形式言語の場合こうした特定の対象を指す「名詞」にあたる表現は「定項」と呼ばれる。つまりこの場合、g, c, p というみっつの定項のそれぞれの指示対象と、Wという述語の当てはまる対象の範囲、つまり外延がわかればよいことになる。

さて、いま扱っているような形式言語は、必ずしも特定の決まった意味、解釈を持つわけではない。文脈に応じて様々な解釈を許し、また後で述べるように論理学の場合には解釈が自由であることが本質的な役割を果たす。今回の場合も、もちろんg, c, pやWといった文字に特別な意味があるとは限らないが、たとえば以下のような解釈がありうる。定項g, c, pはそれぞれじゃんけんのグー、チョキ、パーの手を指す。そして述語WはWxyの形で「xはyに勝つ」を意味する。それぞれの気持ちとしては、グー、チョキ、パーをローマ字書きした頭文字と、動詞winの頭文字を意図している。もちろん、形式言語は一般にはこのように頭文字や略号を用いている必要はないから、g, c, pがそれぞれパー、チョキ、グーを指すこともできるし、そもそもじゃんけんの手を指さず、ナポレオン、マリー・アントワネット、ジャンヌ・ダルクを指すこともできれば、東京、パリ、ロンドンを指すこともできる。単に、今回は上記のようにじゃんけんの手を指すものとしてみよう、というわけである。

このように形式言語の記号に対してその指示対象や外延が定まると、その対応関係をひとつの関数とみなすことができる。この関数を仮に解釈関数Dと呼んでおこう。つまり、D(g)＝グー、D(c)＝チョキ、D(p)＝パーというように、解釈関数Dが定項の指示対象を決めてくれると考える。同様に、D(W)＝{(グー, チョキ), (チョキ, パー), (パー, グー)}というように、述語に対してはDはその外延を教えてくれる。あるいはもしWが二項述語ではなく一項述語であったとすればg, c, pがナポレオン、マリー・アントワネット、ジャンヌ・ダルクを指し、Wがたとえば（この三人のうちで）「女性である」を指しているような場合には外延D(W)はこの述語を満たすような対象の集合（つまり｛マリー・アントワネット, ジャンヌ・ダルク｝）になるのだが、今回のじゃんけんの場合にはWは二項述語であるため、Wを満たす（x, y）のペアの範囲を定めなければならない。それゆえD(W)はこうしたペア（順序対という）の集合になるのである。

さて、以上のことが決まれば、この形式言語の文の真偽は簡単に定めることができる。つまり、Wxyの形をした文が真であるのは順序対（D(x), D(y)）が外延D(W)に含まれているとき、すなわち（D(x), D(y)）∈D(W)のときである。こうした定義においてはもちろん、そうでないときは真ではない（偽である）ということも含意されているから、それを明示するためにしばしば「Wxyが真であるのは、順序対（D(x), D(y)）が外延D(W)に含まれているとき、かつそのときに限る」という言い方をする。この言い方を見たら、「(D(x), D(y))が外延D(W)に含まれているときは Wxyが真であり、かつ（その逆に）Wxyが真であるときには（D(x), D(y)）が外延D(W)に含まれている」という双方向の含意関係を読み取って欲しいわけだ。この双方向性を表すために、しばしばこれを

Wxyが真 ⇔（D(x), D(y)）∈D(W)

または

Wxy が真 iff (D(x), D(y)) ∈D(W)

などと書く（iff は if and only if の略）。

この定義から、この言語の文 Wgg, Wgc, Wgp, Wcg, Wcc, Wcp, Wpg, Wpc, Wpp のすべてについてその真偽を求めることができる。改めて定義をまとめておけば、

D(g)=グー、D(c)=チョキ、D(p)=パー
D(W)={(グー, チョキ), (チョキ, パー), (パー, グー)}
Wxy の形をした文が真であるのは、(D(x), D(y))∈D(W) のとき、かつそのときに限る。

こう定義しておけば、たとえば Wgc という文が真であることが以下のようにしてわかる。

定義 D(g)=グー、D(c)=チョキより、
(D(g), D(c))=(グー, チョキ)

(グー,チョキ)∈{(グー,チョキ),(チョキ,パー),(パー,グー)} だから、

定義 D(W)={(グー,チョキ),(チョキ,パー),(パー,グー)} より

(D(g),D(c)) ∈D(W)

よって定義 Wxy が真 ⇔ (D(x),D(y)) ∈D(W) より Wgc は真。

また、Wpc が偽であることも以下のようにしてわかる。

定義 D(p)=パー、D(c)=チョキより、

(D(p),D(c))=(パー,チョキ)

(パー,チョキ) ∉{(グー,チョキ),(チョキ,パー),(パー,グー)}=D(W) だから、

(D(p),D(c)) ∉D(W)

よって定義 Wxy が真 ⇔ (D(x),D(y)) ∈D(W) より Wpc は偽。

かくして、二項述語Wと定項g, c, pを用いて作られる文の真理値は、すべてこれらの意味論的値から定めることができる。ただし、これらの文だけが問題であるなら、こうした意味論の仕事はある意味では不要である。というのも、これらの文は所詮有限個、つまり先に挙げた九種類しか存

在しないからである。これらの文の真理値だけが問題であるならば、それぞれの真理値を単に丸暗記するだけでも用が足りてしまう。

　部分表現の意味論的値から文全体の真理値を計算する方法を定義する、という意味論の仕事が本質的な役割を果たすのは、無限個の文を生成できる言語の場合である。つまり、先程言及した「帰納的定義」によって構文論が定義されており、反復適用によって無際限に異なる文が生成できる場合、丸暗記によって意味論を片づけることは不可能である。こうした文生成の方法のうち最も単純なものは、「かつ」や「または」によって文同士を結合して新たな複合文を生成するものである。つまり、形式言語における「かつ」を記号「∧」で表し、「または」を「∨」で表せば、W_{gc} と W_{cp} という文から $W_{gc} \wedge W_{cp}$ をつくったり、W_{gc} と W_{cg} という文から $W_{gc} \vee W_{cg}$ という文をつくったり、これらをさらに組み合わせて $(W_{gc} \wedge W_{cp}) \vee W_{cg}$ という文をつくることができる。もちろん、さらに反復的に適用していけば無際限に新しい文をつくることができる。

　こうした言語に意味論を与えるためには、複合文の真理値を計算するためにその部分となっているより単純な文の意味論的値として何が必要か、という考え方が必要である。先に真理値ポテンシャルの概念を文に適用する議論の際に検討したように、ここで問題になっているような単純な文結合操作については、それは真理値でよいことがわかる。つまり、文に対してもその意味論的値としてDの値を考え、それをその文の真理値とする。そして、

$$\phi \wedge \psi \text{が真} \Leftrightarrow D(\phi)=\text{真かつ} D(\psi)=\text{真}$$

$$\phi \vee \psi \text{が真} \Leftrightarrow D(\phi)=\text{真または} D(\psi)=\text{真}$$

と定義してやれば、より単純な文の真理値すなわち意味論的値から、より複雑な文の真理値が計算され、それを意味論的値としてさらに複雑な文の真理値が計算できるわけである（このとき、たとえば「ϕが真ならば$\phi \vee \psi$も真である」、「$\phi \wedge \psi$が真ならばϕも真である」といった論理的推論の正しさには、ϕやψの中の名前や述語の解釈はまったく関与しない。それゆえ論理学では「∧」や「∨」のような論理的語彙だけを固定し、名前や述語の解釈を任意に変更できるような枠組みを「意味論」と呼ぶ。この場合、名前や述語の解釈が決まっていないため、個々の文が真か偽かという問いにこの「意味論」は直接答えることはできない。こうした「意味論」と区別するために、本文で説明したような意味論を「意味理論」と呼ぶこともある）。このように、より単純な入力に対する出力に遡ってより複雑な入力に対する出力を計算する仕方を記述することによって関数を定義する方法を「再帰的定義」と呼ぶ。定義域がそもそも帰納的に定義されている場合のように、この「より単純な入力」への遡及が有限回で必ず終了する場合には、この方法で定義域全体に対して関数が定義できているわけである。

文の意味論的値を真理値とするこの手法は、複合文をつくる生成方法によっては通用しない場合もある。たとえば、「〜ことは一九世紀までに証明されていた」という述語をもった言語を考えよう。この述語に「素数が無限個ある」を適用すると「素数が無限個あることは一九世紀までに証明されていた」という文になり、素数が無限個あることは古代ギリシアの時代には既に知られていたから、この文の真理値は真である。他方、「nが3以上の自然数であるとき $x^n+y^n=z^n$ を満たす正の整数解は存在しない」という文はいわゆるフェルマーの最終定理であり、この定理が証明されたのは一九九五年であるから、「nが3以上の自然数であるとき $x^n+y^n=z^n$ を満たす正の整数解は存在しないことは一九世紀までに証明されていた」は偽である。しかし、この述語を適用する素材となる文「素数が無限個ある」と「nが3以上の自然数であるとき $x^n+y^n=z^n$ を満たす正の整数解は存在しない」はどちらも真であるから、もし文の意味論的値が真理値だとすれば、これらの意味論的値は同じになってしまう。同じ意味論的値から計算した結果として真理値が異なるはずはないから、もしこれらの素材となる文の意味論的値が同じならば、複合文「素数が無限個あることは一九世紀までに証明されていた」と「nが3以上の自然数であるとき $x^n+y^n=z^n$ を満たす正の整数解は存在しないことは一九世紀までに証明されていた」も同じ真理値になるはずである。ところがそうではないのだから、これらの素材となる文の意味論的値は真理値ではあり得ないのである。この問題については、後に第六節で文の志向的対象を検討する際に立ち返ることになる。

第五節　志向性の問題を意味論的値でどう考えるのか

さて、志向性の問題に戻ろう。意味論的値についての以上のような理解から、志向性について何がわかるだろうか。ここでまず検討してみたいアイデアは、「志向的対象」、すなわち志向性の「それについて」のものであるところの対象とは、意味論的値に他ならない、というアイデアである。

いくつかの例を検討してみよう。たとえば、私が客人に水槽を示しながら「うちの金魚は体長一〇センチ以上ある」と言ったとしよう（単純化のために、水槽の中の金魚は一匹だけであるとする）。このとき私の主張内容の志向的対象が水槽の中の金魚であるのは、つまり私が「その金魚について」主張していると言えるのは、この発言の真偽がその金魚によって決まるからである。つまり、意味論的値が金魚だからだ。たとえばこの発言をする際に視線や焦点が合っておらず、水槽の中の水を見ていたり水槽の底を見ていたりすることはあるかもしれない。あるいはそもそも、客人に水槽を示しはしたが自分自身は水槽の方を向いていないかもしれず、壁の方を見ていたかもしれない。しかしそれでも、「うちの金魚は体長一〇センチ以上ある」という主張の真偽は水や水槽や、ましてや壁を調べても決まらない。これは何も物理的な視線だけの話ではない。私がこの発言をするとき、心理的にも別のことに注意が向っているかもしれない。たとえば隣の水草が変色しているのを見て「交換しなければ」と考えながら、水草に半ば意識を奪われつつ「うちの金魚は体長一〇センチ以上ある」と（たとえば客人にはいつも語っているお決まりの紹介として）語ったとしよう。この場合、水草にも意識は向かってはいるものの、しかし「うちの金魚は体長一〇センチ以上ある」という主張まで水草についてのものになってしまうわけではない。いくら水草に注意を引っ張られていたとしても、この主張の志向的対象は金魚であり、それは金魚についての主張である。それは、この発言の真偽は水草を調べても決まらないからである。要するに、意味論的値として水草は不適切であり、金魚が適切だからだ。もし客人がその金魚以外の他の対象によって当該発言に異を唱えようとしたならば、私は「いや、そんなものの話はしていない」と正当にそれを却下することができる。志向性の概念について、「意識が対象に向かう」といった説明がなされることがある（そしてそれは誤りであるわけではない）が、それは単に視線がそちらに向かっているとか意識や注意が引っ張られているとか、必ずしもそういうことを述べているわけではないのである。我々の思考が「ある対象についてのものである」のは、それについての真偽が問題になっている、ということである。それゆえ、そうした対象、すなわち志向的対象であるとは、意味論的値として機能することであると考えられるのである。

別の例も検討しておこう。実在する対象であれそうでない対象であれ、我々がそれについて考えているところの志向的対象は、その対象について我々の心に浮かぶイメージなどではなくて、その対象の現物そのものであることを既に述べた。このことを意味論的値という観点からはっきりと確認しておこう。我々が「渋谷のハチ公像は高さ一メートル以上である」と述べるとき、この文の真偽は渋谷にあるじっさいのハチ公像現物の高さによって決まる。この文の真偽を決めるのに、渋谷のモヤイ像や東京大学弥生キャンパスにあるハチ公像を調べてもそれはお門違いというものである。同様に、私の心の中に浮かんだハチ公像のイメージのサイズを測ることによってこの文の真偽を定めることは不可能だろう。もちろん、そもそもイメージのサイズを測るとはどういうことなのかがまったくもって明瞭ではない。さらにいずれにせよ、この文の真偽はハチ公像の高さがじっさいにどうなのかによって決まるべきものであり、私の心の中に浮かんだハチ公像がどれほど大きいものとしてイメージされているかによっては決まらない。それゆえに、意味論的値として機能するのは渋谷のハチ公像そのものであり、他の何ものでもない。だからこそ、我々は「渋谷のハチ公像について」考えていると言えるのであり、すなわち志向的対象は渋谷のハチ公像なのである。

実在しない対象についても触れておこう。ただし、実在しない対象の場合の意味論的値をどのように考えるべきかはじつはそれほど単純ではなく、ここでは対象の現物ではない心的イメージなどでは代用できないことを確認するにとどめる。かつての科学者たちは、惑星ヴァルカンという天体について思考し、議論していたのだった。彼らの思考の志向的対象が何であるべきか、意味論的値の観点から考えよう。たとえば「惑星ヴァルカンは水星よりも大きい」という主張の真偽を考えよう。この主張を仮定や推測など何らかの形で心に抱いた科学者は、惑星ヴァルカンについて考えていると考えるのが自然だろう。つまり、志向的対象は惑星ヴァルカンそのものであると考えられる。だが、ヴァルカンは発見されなかったのだから、彼らは単に想像上のヴァルカンのイメージについて考えていたに過ぎないのではないだろうか。そうではないだろう。確かに、惑星ヴァルカンそのものが実在しなくとも、心に浮かぶヴァルカンのイメージ、それを描き起こしたヴァルカンのイラスト、ヴァルカンについて語る文字や音声、ヴァルカンについて思考する科学者たちの脳状態、といったものたちは問題なく実在する。だが、これらを先の主張における意味論的値とみなすことは決してできない。「惑星ヴァルカンは水星よりも大きい」という主張の真偽は誰かの心の中のイメージの大きさ（とはそもそも何なのかが不明瞭だが）を測ることによってではなく、天文学的な観測によって決着することである。同様に、ヴァルカンについての言説や科学者たちの脳をいくら調べてもヴァルカンの大きさについての真偽は決着しない。この主張の真偽はまさに惑星ヴァルカンの大きさを調べることによって決着するのである。それゆえ、志向的対象として意味論的値の役割を果たしうるのは惑星ヴァルカンそのもの、その現物以外ではないのである。

実在しない対象のもうひとつの事例として、フィクション作品における虚構的対象についても検討しておこう。こちらも、フィクション特有の問題がじつは多々あり、ここでそのすべてに踏み込むことはできない。一例を挙げよう。小説『まだらの紐』の中で、シャーロック・ホームズはある人物が威嚇のために素手で曲げて見せた火掻き棒を素手で曲げ直してまっすぐにしてしまう。つまり、「シャーロック・ホームズは火掻き棒を素手で曲げるほどの腕力の持ち主である」という文が真であると考えられる。では、この文は何によって真になるのだろうか。このシーンでシャーロック自身が述べているように、シャーロックはそれほど立派な体格というわけではなく、外見からはそこまでの腕力を持っているとは必ずしも思われない。それゆえ、人々の心の中のシャーロックのイメージを調べても、この文が真であることはわからないだろう。そもそも、「火掻き棒を素手で曲げる」とか「腕力がある」といった述語が何に対して当てはまるのかと言えば、それは人間（あるいは少なくとも動物）に対してであって、イメージに対してではない。イメージには決して火掻き棒を曲げる力はない。それどころか、誰かがじっさいに手を触れて力を加えることなしには、イメージという心的状態だけでは針金すら曲げることはできないのである。それゆえ、この文が真であることに寄与するのはイメージではない、すなわち「シャーロック・ホームズ」という名前の意味論的値はイメージではないと考えられる。同様に、述語を満たす対象は何か、という観点で言えば、アーサー・コナン・ドイルの書いた小説のテクストもまた、意味論的値ではないと考えられる。というのも、イメージとまったく同様に小説の中の単なる文字列も、針金ひとつ曲げる力はないと考えられるからである。それゆえに、この文が真であるという事実を決定するのはシャーロック・ホームズその人に腕力があるという事実、すなわちシャーロック本人の性質によってであり、意味論的値として相応しいのは彼自身をおいて他にいないように思われるのである。

なお、シャーロック・ホームズに関する真なる文としては、「シャーロック・ホームズは一九世紀にアーサー・コナン・ドイルによって生み出された」というようなものもある。この文もまた、シャーロック・ホームズについて我々が抱くイメージを意味論的値にすることはできないことを示しているように思われる。というのも、たとえば私は一九世紀には生まれていないので、私の持つシャーロック・ホームズのイメージが一九世紀に生み出されたという事実はない。さらに、私のイメージは私の想像力が生み出したものであって、無論のこと様々な作品の手助けを得てはいるとはいえ、少なくともアーサー・コナン・ドイルが単独で直接生み出したものではない。それゆえ、この文を真にするのも、シャーロック・ホームズというキャラクター本人の誕生によるものだと考えられるだろう。ここでも意味論的値はシャーロック本人なのではないだろうか。だが、確かにこの文における「シャーロック・ホームズ」の意味論的値を心的イメージと解することはできないとしても、アーサー・コナン・ドイルが生み出したのは小説のテクストではないのかと思われるかもしれない。そもそも、火搔き棒の方の事例にしても、あの文の真偽が我々にわかるのは小説にそう書いてあるからであり、小説のテクストにおける記述によって真偽が決まるのだから、意味論的値は小説のテクストでよいのではないだろうか。このように考える人もいるだろう。しかし、アーサー・コナン・ドイルが小説のテクストをじっさいに執筆し、現に生み出しているのとは対照的に、小説のテクストが火搔き棒を曲げるわけではない。他方、火搔き棒を曲げるという記述は小説のテクストの中に内容として含まれているのに対して、アーサー・コナン・ドイルが生み出したということが小説の内容としてテクストの中に含まれているわけではない。小説のテクストを意味論的値と考えるにしても、この両者の文の主語の位置に、単純に同じシャーロック・ホームズ物の小説のテクストを代入すれば済むという話ではない。両者の文の振る舞いはじつは大きく異なっており、「火搔き棒を素手で曲げるほどの腕力の持ち主である」というのは「作品世界内で」そうなっているのに対して、「アーサー・コナン・ドイルが生み出した」のは「現実世界で」そうなのである。

フィクションにおける虚構的対象の存在論・意味論を本格的に展開するにはこうした事情を考慮しなければならず、本書ではこれ以上立ち入らないが、以下の節で検討する準同型の問題と意味論的値の不在の問題に取り組む中で、関連する論点を一部扱うことになるだろう。

さて、以上の議論がある程度説得的であったとしても、ここで投げかけられうる疑問点がみっつある。ひとつは解釈上の問題、残りふたつは理論上の問題である。まずは次節においてひとつめの解釈上の問題から検討しておこう。残る理論上の問題については、第三章節一節・第二節においてそれぞれ議論する。

第六節　フッサールの「志向性」は本当に意味論的な概念なのか

以上のような「意味論的値」の概念からの整理はフレーゲの「意味（Bedeutung）」概念の解釈としてはもはや標準見解であるとしても、フッサールの「(志向的) 対象」概念の理解として果たして適切なのだろうか。こうした論理学的な観点からの志向性分析はフレーゲ解釈としてはもっともらしくとも、フッサール解釈としては牽強付会なのではないだろうか。フッサールに批判的な立場からのこうした疑念の代表例として、まさにダメット自身によるフッサール批判を挙げることができる。

このようにフッサールは、対象的指示という多分に曖昧な観念を我々に提示しているのみであり、意味と、そのような対象的指示とがどう関係するのかについても、ごく漠然とした捉え方をするに止まっている。他方フレーゲは、ある表現の指示とみなされるべきものは何なのかを決定するにあたり、どのような問いが問われねばならないかを的確に認識していた。それはつまり、当の表現が登場する任意の文の真理値を確定するのに、この表現はどんな貢献を行うのか（そうした貢献というのは、この表現のみならず、この表現と置き換えてもいかなる場合も文の真理値に影響を与えないようなあらゆる表現が、共通して行うような寄与でなければならない）、という問いである。対照的に、フッサールはただ単に、世界のうちで表現に対応するとみなしうるものは何なのかという、かなり曖昧な問いを心に抱いていただけのように思われる。（ダメット 1998, pp. 75-76）

フレーゲについて語られている部分は、括弧内の注釈を除いて上記の意味論的値の解説からほぼそのまま理解できるだろう。ここでダメットはフレーゲの「指示」という言葉を用いているが、これはフレーゲ自身の用語で言う「意味（Bedeutung）」のことである。つまりここでダメットは、ある表現がどの対象を指示しているか、という指示の問題を決定するにあたり、フレーゲは「その表現が現れる文の真理値を確定するためにその表現が果たす役割」という明確な基準を持っていたが、フッサールはそうではないと主張しているわけである。そしてこのフレーゲの明確な基準こそ、既に説明した意味論的値、ないし意味論的役割の概念に他ならない。つまり、指示対象が何であるかを考察するにあたり、フッサールは意味論的値のような明確な基準を持っていない、とダメットは批判しているわけである。括弧内の注釈はやや複雑だが、意味論的値というのは真理値を計算するための寄与なのだから、真理値に影響しないような差は無視してよい、したがって真理値が変わらないならば意味論的値も同じである、ということを述べている。

ダメットがこの評価を下す論拠のひとつは、この直後にダメットが引用する以下の文言である。

たとえば「SはPである」という形式の言明文を考察してみると、通例では主語対象が、すなわちそれに「ついて」言明がなされるものが、言明の対象とみなされる。しかしまたそれとは別の次のような解釈も可能である。すなわち、言明に属する状況「全体」を、その名前において名指される対象の類比物と解して、その対象を言明文の意味と区別する解釈も可能である。(Hua XIX/1, p. 54、『論理学研究2』p. 59)

ダメットが言うように、ここでフッサールは「文の指示対象が何なのか」という問題に対して、おざなりな態度を取っているように見える。「木星は地球よりも大きい」という文は木星について語っている文だから、木星が思い浮かべられている、木星が志向的対象、指示対象であるように見える。他方で、この文を目にしたとき我々は木星だけを思い浮かべるとは限らず、地球と並べて比較するようなイメージを持つかもしれない。そうすると、志向的対象は木星単独ではなく木星と地球を比較して木星の方が大きいという事実、その状況の全体であって、この文はこの状況を指示するのだ、とも考えられる。どちらの解釈ももっともらしく、我々はどちらを思い浮かべることもあり得る。フレーゲならば文の真偽という観点から指示対象を正確に決定する意味論的枠組みを持っていたのに、フッサールはこうした曖昧な記述に終始し、どちらの解釈が正しいのか決着をつけようともしない、というわけである（だが後に述べるように、この理解は誤解である）。

こうした評価は、それを肯定的に評価するにせよ否定的に評価するにせよ、ある程度一般的なものかもしれない。そこで、ややくどいかもしれないが、フッサールとフレーゲを異質な哲学的伝統に結びつけたがる誤解について検討しておこう。フッサールの現象学は、我々の意識に現れる心的体験の記述である。したがって、フッサールの関心は主観的なものに向けられており、ある文の真偽がどうであるかといった、客観的な関心とは相入れないのではないか。あるいは、フッサールの探究はいわば「心理」に向かっており、フレーゲのように「論理」に向かってはいないのではないか。しかし、この印象はじつは単に誤解である。

そもそも、フッサールが志向性理論を初めて体系的に展開した公刊著作は『論理学研究』と題されている。そもそもフッサールはフレーゲ同様数学から学問的キャリアを開始したのであり、哲学に対する関心がまずは数学の基礎づけからスタートしているのもフレーゲと同様である。フレーゲの『算術の基礎』とフッサールの『算術の哲学』を巡って両者はじっさいに批判の応酬を行なっており、両者の主張は違えど関心は極めて近いところにある。『算術の哲学』出版後も論理学的関心は一貫しており、『論理学研究』刊行に先行する一八九六年にも「論理学」講義を行っている(Husserliana Materialien I所収)。表題はそうでもじっさいには「論理学」ということで通常イメージされる内容ではないのでは、と思う人もいるかもしれない。しかし、この講義の目次は概念論、命題論、推理論という伝統的な論理学の構成に忠実に即しており、またとりわけその推理論はシュレーダーやブールに由来する数学的な推論分析を含んでおり、現代的な意味での数理論理学に繋がる萌芽的な内容に相当する。フッサールの分析はこうした論理学的関心に導かれており、主観の記述に専心するフッサールの分析は数学的・論理学的、あるいは言語哲学的な関心を持つフレーゲの分析とは異質なはずだという思い込みは単に誤解に過ぎない。分析哲学と現象学はその始まりにおいてはさほど離れていたわけではないということの事情を、ダメットは『分析哲学の起源』のなかでライン川とドナウ川にたとえている(ダメット 1998, p. 32)。すぐ近くから発し、しばらく平行して流れながらやがて道を分かち、まったく異なる海へと流れ込むというわけである。

じつは、ダメットが先にフッサール批判の文脈で提出した「文の指示対象」の問題に関しては、フッサールはおざなりな態度に終始していたわけではない。ダメットが引用した『論理学研究』第一研究の箇所では既に見たようにふたつの解釈を併記するにとどめているものの、同じ『論理学研究』の第五研究でははっきりと以下のように述べている。

さらにまたもうひとつの重要な事例群を例示すれば、「ナイフが机の上にある」という文においては、ナイフは確かに、それに「関して」判断され、あるいはそれに「ついて」言明がなされるところの対象である。しかしそれにもかかわらず、ナイフは第一次的な対象ではない。すなわちその判断の完全な対象ではなく、単に判断の主語の対象であるに過ぎない。判断全体に完全無欠な対象として対応しているのは、判断された「事態」であり、そしてこの事態が同一の同じ事態として、単なる表象においては表象され、願望においては願望され、質問においては質問され、懐疑においては疑われうるのである。後者について言えば、先程の判断に対応する「ナイフはたぶん机の上にあるはずだ」という願望は確かにナイフに関わってはいるが、しかしここで私はナイフを望んでいるわけではなく、ナイフが机の上にあること、事実がそうなっていることである。そしてもちろんこの事態は、関連する判断とも、ましてその判断の表象とも混同されてはならない。私が望んでいるのは判断でもなければいかなる表象でもないからである。(Hua XIX/1, p. 416、『論理学研究3』pp. 200-201)

ここでフッサールは、「ナイフが机の上にある」という文(『論理学研究』の邦訳においては「命題」と訳されており、一般に哲学用語としての「文」と「命題」は区別されるべきものであるが、ドイツ語では同じSatzであり、ここでの文脈においては「文」と訳して何ら大きな問題はないと思われることから、フレーゲの理論との対比の点からも「文」と訳しておく。フレーゲが言語表現の意味や指示対象を問題にしていたのに対して、フッサールはもっぱら心的作用の志向的対象を問題にしていたのではないかという疑問を持つ人もいるかもしれないが、のちに見るようにそれは誤解である。フッサールは言語表現の意味や対象について『論理学研究』をはじめとする様々な著作で頻繁に語っているし、その証拠はこれから先の引用でもたびたび目にするだろう）の指示対象の解釈として、「ナイフが机の上にある」という事態を当てはめる解釈を「ナイフ」という対象を当てはめる解釈よりも明白に優位においている。しかもその理由は、フレーゲの場合と同様、そうでなければそれを含む文全体の真理値を正しく決定することができないからである。意味論的値とは、その表現を含む文の真理値を計算するために割り振られる値であった。そのため、その表現自体が文である場合には、「その文が現れる文の真理値を計算するために何を割り振るべきか」を考えなければならない。つまりその文を単独で考察するのではなく、その文が部分として現れるようなより複合的な文の真理値がどのように定まるのかを考慮しなければ、文の意味論的値について正しく考察することはできない（トゥーゲントハットはこの点を正しく理解していないか、または甚だミスリーディングな記述をしているように思われる）。では、たとえば「ナイフが机の上にあることが望ましい」というように、この文を主語として望ましさを述定するような複合文を考えるとどうなるだろうか。この場合、ナイフ自体が望ましいのではなく（たとえばナイフが私の手元にあることや、床に転がっていることは望ましいとは言われていない）、「ナイフが机の上にあること」というその状況が望ましいと言われているわけである。それゆえ、どこにあるかという状況と無関係にただナイフという対象だけを指示しても、この願望文の真理値はまったく決着させることができない。そうではなく、望ましいのはナイフが手元にあることなのか机の上にあることなのか、それとも引き出しにしまってあることなのか、といったことを定めなければこうした複合文の真偽は決まらないのである。それゆえ、この複合文の主語である「ナイフが机の上にある」という文の意味論的値はナイフではなく事態・状況でなければならない。
同様のことは、文が主語となる場合にその対象は事態・状況なのか、それともその事態が成立すると判断する心的作用なのか、あるいはその文の意味としての命題なのかという考察としても述べられている。

判断について判断することは事態について判断することとはもちろん別のことである。それに応じて、判断を主語として表象したり名指したりすることと、事態を主語としてそうすることとは別のことである。たとえば私が、「Sがpであることは喜ばしいことだ」と言うならば、その判断が喜ばしいことだということを意味しているのではない。またここでは、判断ということで単独の作用を意味しているのか、命題、スペチエス的な意味での判断のことを意味しているのかということは無関係である。むしろ喜ばしいのは、客観的事態、事実がそうなっていることである。(Hua XIX/1, pp. 478-479、『論理学研究3』p. 262)

たとえば、「本書が出版されることは喜ばしいことだ」と私が述べるとき、それは現実に「本書が出版される」という事態に対して、それが事実であることが喜ばしいと述べているわけである。私はそのような判断を私が心に抱くことを喜ばしいと思っているのではないし（もし事実がそうでないなら、私が何らかの勘違いや思い込みでそのような判断を下してしまうこと自体は喜ばしくもなんともない）、その判断内容である意味としての命題を喜ばしいと思っているわけでもない（命題そのものはこれが事実であれ虚偽であれ、真偽とは無関係に意味内容として存在しているものであり、これ自体が喜ばしいわけではない）。このように、フッサールは「何がその作用の対象なのか」を考える際に、「それが主語の位置に代入されたとき、述語の述定は何に対して行われるのか」という観点から議論を進める。確かにフッサールには名前や文以外の意味論的値に関する考察にはやや弱いところがあるものの、漠然とした何らかの対応物という曖昧な基準でしか対象を考えていないわけではなく、真理値決定プロセスという視点を持っていたことは確かだろう。同様のことは、先に言及した一八九六年の「論理学」講義においても確認できる。

まず「すべてのA」という形式からはじめよう。それはクラス表象と近い類縁関係にあるが、しかし後者のような集合的な機能ではなく分配的な機能をもつのである。「人間のクラスは、道徳的に非道な存在者のクラスと交わる」と我々がいうとき、その述語はクラス全体に関係するのであって、そのクラスの中の各々の個別者に関係するのではない。個々の人間は、道徳的に非道な存在者のクラスと交わりはしない。しかし我々が「すべての人間」というとき、たとえば「すべての人間は死にゆくものである」というとき、我々は確かにそのクラスを思い浮かべてはいるが、しかし述語はそのクラスの各々の個別者に関係するのである。(Hua Mat. I, p. 99)

ここでフッサールは、「すべての人間」という表現と「人間のクラス」という表現では機能が異なるということを述べている。「人間のクラス」とは、すべての人間たちを要素としてそれらから成り、そして人間以外の余分な要素を含まないような、そうした「人間全体の集合」のことであると考えてよい(公理的集合論では「集合」と「クラス」を区別することがあるが、本書の文脈ではこの違いは無視して構わない)。ここではそれらの「指示対象が異なる」と明瞭に述べられているわけではなく、またややミスリーディングな記述を含んでいるものの、少なくともフッサールが表現の意味論的役割、意味論的値に相当する枠組みを明白に持っていたことを示すことはできるだろう。すなわちフッサールは、「すべての人間は」という表現が主語になった場合と、「人間全体の集合は」という表現が主語になった場合では、その意味論的振る舞いが異なると述べている。というのも、「すべての人間は死にゆくものである」というのは常識的に考えて大いに真である可能性が高いと思われるのに対し、「人間全体の集合は死にゆくものである」は偽だからである。集合は、たとえその個々の要素が生物であったとしても、集合自体としては一個の数学的対象であって、生物ではないからである。かくして、「すべての人間は死にゆくものである」が真であるにもかかわらず「人間全体の集合は死にゆくものである」は偽である、という可能性があるのならば、これらは異なる仕方でその真理値に決着が着くのでなければならない。それゆえ、「すべての人間は」という主語と「人間全体の集合は」という主語には異なる意味論的値を振らなければならないのである。同様にまた、「人間全体の集合は、日本に生息する生物全体の集合とのあいだに共通部分を持つ（共通部分が空集合でない、互いに素でない）」という文も、「すべての人間は、日本に生息する生物全体の集合とのあいだに共通部分を持つ」という文と同じ意味論的振る舞いをすると考えることはできない。というのも、人間全体の集合と日本に生息する生物全体の集合とが交わる共通部分には我々日本人という共通の要素が属している（それゆえ前者の文は真である）のに対して、ひとりひとりの人間は集合ではないので、そもそも集合とのあいだの共通部分を考えることすら意味をなさない（それゆえ後者の文は真とは言えない）からである。ひとりひとりの人間を無理矢理に単元集合（ただひとつの要素のみから成る集合）とみなしたとしても、その場合には後者の文は偽である（たとえば、ドナルド・トランプやジョー・バイデンは人間であるが、彼らは日本に生息する生物ではないので、彼ら自身をたとえ｛ドナルド・トランプ｝、｛ジョー・バイデン｝のような単元集合とみなしたとしても、これらはいずれも「日本に生息する生物全体の集合」とのあいだに共通部分を持つことはないからである。同様に、たとえば彼らを身体の各部分から成る集合とみなすなど、別の解釈を工夫したとしても、いずれにせよ日本に生息する生物全体の集合と共通部分は持ちそうにない。それゆえ、この集合と共通部分を持たない人間もいるのだから、「すべての人間は」この集合と共通部分を持つという主張は偽なのである)。それゆえ、「人間全体の集合は、日本に生息する生物全体の集合とのあいだに共通部分を持つ」という文は真であるのに対して、「すべての人間は、日本に生息する生物全体の集合とのあいだに共通部分を持つ」は偽であるか無意味であると考えられるので、いずれにせよ「人間全体の集合は」という主語と「すべての人間は」という主語とを同一の意味論的値によって取り扱うことは不可能であることになる。「共通部分を持つ」を「交わる」と表現し、「日本に生息する生物全体の集合」の代わりに「道徳的に非道な存在者のクラス」を例に取っているが、フッサールが引用前半部で述べているのもこのようなことである。集合的に、すなわち全体としてのクラスそのもの、集合そのものを対象とし、そのクラス・集合に何事かを述定する場合と、そのすべての要素のそれぞれについて分配的に何事かを述定する場合とでは、意味論的な機能がまったく異なっているのである。

『論理学研究』や「論理学」講義のような著作におけるフッサールのじっさいの議論はこうしたものであって、フレーゲのような論理学に基づく考察とは異質であるどころか、極めて類似したものである。フッサールがフレーゲと異なる結論に到ったのは、異なる基準を用いたためではなく、真理値を文の意味論的値としていては複合文の真理値を正しく計算できないような複雑な(いわゆる内包的文脈を形成する)言語資源をフッサールが考えていたからである(この点については付論と読書案内を参照)。もしフッサールが、我々が表現を耳にしたり目にしたりしたときに、対応するものとして心に思い浮かぶもの、といった曖昧模糊とした基準で指示対象を議論していたならば、先述の区別を論じようとは思わなかっただろう。「すべての人間は」と聞いた場合と「人間全体の集合は」と聞いた場合では、それだけではどちらも単に不特定多数の人間たちの集まりをイメージするだけだろうからである。じっさい、先の引用においてもフッサールは「「すべての人間は死にゆくものである」というとき、我々は確かにそのクラスを思い浮かべてはいる」と適切に補足していたわけである。なお、ここで「思い浮かべてはいる」と訳した動詞は vorstellen であり、この語はフッサールのテクストでは通常「表象する」と訳される。多くの場合、少なくとも『論理学研究』以降の著作においては、この動詞はフレーゲの bedeuten（意味する）同様、志向的対象を表象する、すなわち指示対象を指示するという意味で用いられる。それゆえダメットはフレーゲについて論じる際この語を refer（指示する）と訳し、名詞 Bedeutung も reference ないし referent と訳す。しかし、ここでは文脈上そのように取ってしまうと議論のポイントが不明瞭になってしまう。それゆえここでは、この動詞は志向的対象そのものではないものを単に副次的に思い浮かべてしまうこととして読まれねばならない（本書では詳細に検討する余裕はないが、『論理学研究』においては指示対象を指示する意味でこの動詞が用いられる場合には通常の他動詞として、この箇所のように指示対象以外のものを副次的に思い浮かべる意味で用いられる場合には再帰動詞として用いられることが多いように思われる）。「すべての人間は」と聞けば、当然多くの人間たちの集まりをイメージはするだろう。したがって、その表現に対して心の中で思い浮かべたものを素朴な内観によって探る、といった曖昧な方法ではこの両者の意味論的値の区別は到底なし得ないように思われる。しかしそれでも、分配的な表現と集合的な表現では文全体の真理値に対する意味論的役割はまったく異なる。それゆえにフッサールは、この両者の機能の違いを明確に語ることができたのである。

第三章

意味と対象

――我々はどのように「対象」への関わりを手にするのか

第一節　意味論的値の不確定性

前章までの議論が説得的であり、フッサール解釈としてフレーゲの議論に寄せた解釈が正当なものだったとしても、なお事柄の分析として理論的な困難があるという反論もあるかもしれない。そうした反論のあり得る論拠のひとつが、意味論的値となりうるものは一般にひとつだけとは限らないという点である。つまり、真理値を正しく計算するために利用できるものは一般には複数あり得、その中でどれが本当の「指示対象」なのか、ということがなお問題になり得る。

形式言語の意味論的値の例として用いた、じゃんけんの例を思い出そう。そこでは、Wという二項述語、g, c, pという定項を用いて作られるWgg, Wgc, Wgp, Wcg, Wcc, Wcp, Wpg, Wpc, Wppという九種類の文の真理値を求めるために、D(g)=グー、D(c)=チョキ、D(p)=パーという意味論的値を定項に割り振り、述語Wの外延としてこれらのあいだの二項関係{(グー, チョキ), (チョキ, パー), (パー, グー)}を考え、これを意味論的値D(W)として割り当てた。こうしておけば、gとcの意味論的値の対(グー, チョキ)はWの外延{(グー, チョキ), (チョキ, パー), (パー, グー)}に含まれているからWgcという文は真であるとわかるし、これを逆の順序に入れ替えた（チョキ，グー）の対はWの外延に含まれないので、Wcgは偽であるとわかる。これは要するに、この意味論的値を割り振ることによって我々はWgcという文を「グーはチョキに勝つ」、Wcgという文を「チョキはグーに勝つ」と解釈しているわけである。

だが、この九種類の文のうちWgc, Wcp, Wpgのみっつの文のみが真であり、残りは偽であるという真理値の処理だけを考えている限り、じつはgをチョキ、cをパー、pをグーというようにズレた仕方で理解している人がいても、真理値には影響を及ぼさない。つまり、先程のDとは違う仕方で意味論的値を割り振るD'を考え、D'(g)=チョキ、D'(c)=パー、D'(p)=グーとする。このとき、D'(W)はD(W)と同じ{(グー，チョキ)，(チョキ，パー)，(パー，グー)}であるとすると、この意味論的値を用いて計算してもDと同様にWgc, Wcp, Wpgが真となる。今回はD'(g)=パー、D'(c)=グーとなっているためD(g)=グー、D(c)=チョキの場合とはg, cの意味論的値がズレているのだが、（グー，チョキ）と同様に（パー，グー）もWの外延に含まれているため、いずれにせよWgcは真になるのである。同様にWcp, Wpgが真であることも容易に確かめられるし、残りの文が真ではないことも同様である。

なぜこんなことが起こるのだろうか。先程の事例では、g, c, pという定項、つまり名詞にあたるものの意味論的値、つまり指示対象をDで解釈している人と、D'で解釈している人が問題になっていた。この二人は指示対象の解釈がズレており、同じgという名前で前者はグーを指示し、後者は

図1

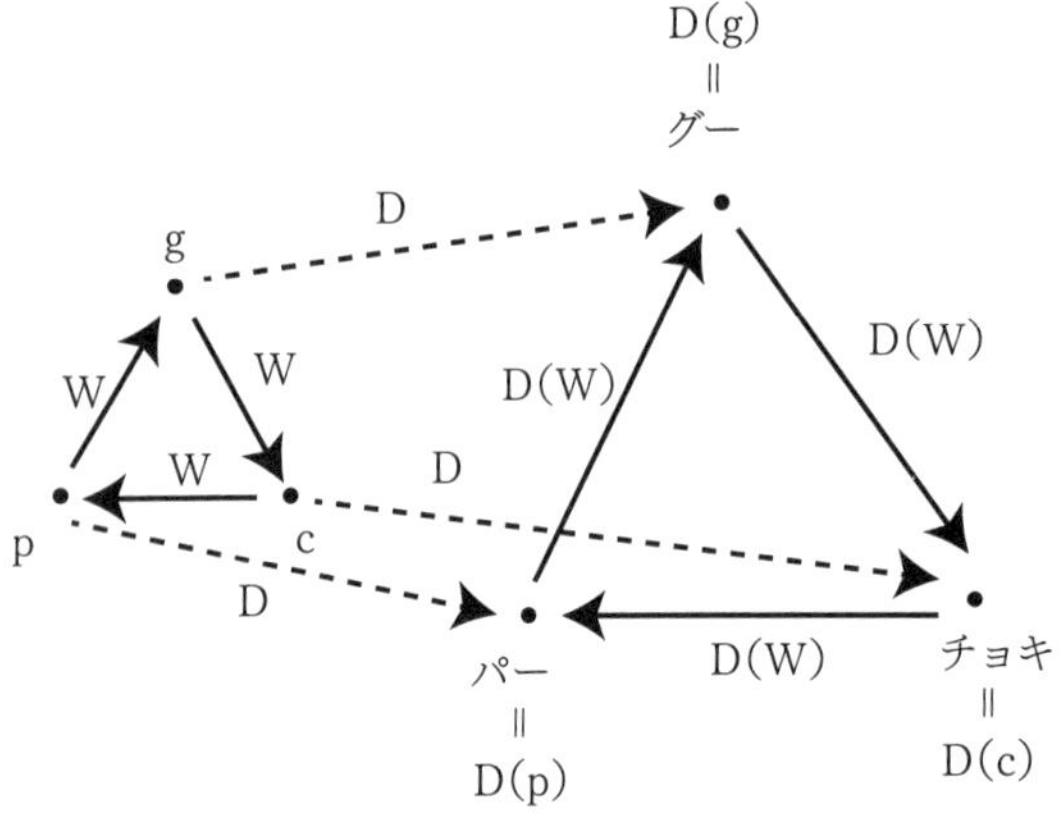

チョキを指示している。しかし、グーはチョキに勝ち、チョキはパーに勝ち、パーはグーに勝つという三すくみ構造の理解、じゃんけんのルールの理解は両者で共通である。このとき、前者は図1の形で各記号を理解し、それゆえ解釈された右側の三角形のじゃんけんの構造に基づいて、左側の三角形のように文の真偽を理解する（つまりWという述語が当てはまるのは(g, c), (c, p), (p, g)の対に対してであり、それゆえWgc, Wcp, Wpgの三種類の文が真であるということを理解する）。他方、後者は図2の形で各記号を理解し、それゆえこちらもまたこちらなりの仕方で解釈された右側の三角形のじゃんけんの構造に基づいて、左側の三角形のように文の真偽を理解する（つまりWという述語が当てはまるのは(g, c), (c, p), (p, g)の対に対してであり、それゆえWgc, Wcp, Wpgの三種類の文が真であるということを理解する）。両者の解釈は図を見比べればわかる通りズレてはいるのだが、じゃんけんの構造を保ったまま体系的にいわば整然とズレており、そのため両者の解釈の違いは文の真理値には影響を及ぼさない。つまり簡単に言

図2

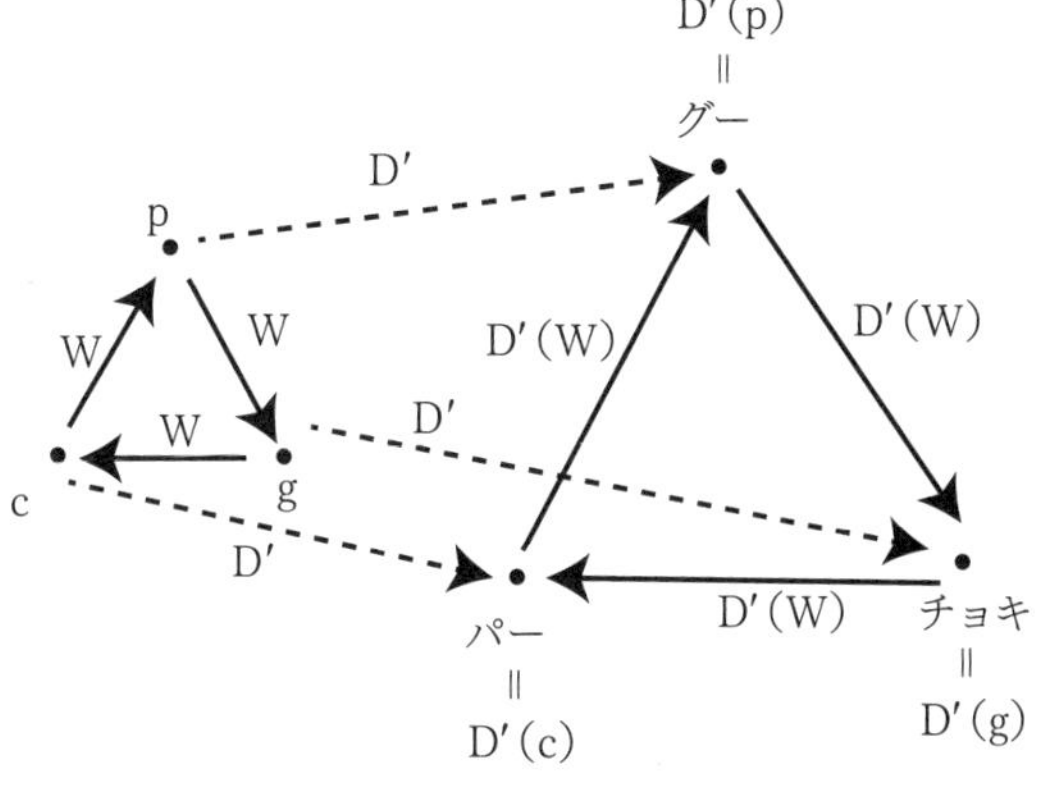

えば、チョキのことを誤ってグーと呼び、パーのことを誤ってチョキと呼び、グーのことを誤ってパーと呼んでしまうようにこれらの手の名称を誤って理解している人がいたとしても、その人は他の人が「グーはチョキに勝つ」と主張しているときに、それを聞いて我々ならば「チョキはパーに勝つ」と表現するであろう内容を理解する（彼はチョキのことを誤ってグーと呼んでいるので、他の人がグーという音声を発した時にそれを聞いて思い浮かべるのはチョキの手である）。それゆえ、彼はじゃんけんの構造自体は理解しているから、我々の言うチョキの手が我々の言うパーの手に勝つことは理解しており、それゆえそのことを（誤った手の名称を用いて）「うんうん、グーはチョキに勝つよね」というように表現し、先程の主張に問題なく同意できてしまうのである。つまり、じゃんけんの手の名称が我々の呼び方とズレていたとしても、体系的にひとつずつ綺麗にズレている限り、「どの手がどの手に勝つか」という会話をいくらしていても齟齬は生まれず、両者の理解の違いはこうした文の真理値には決して現れない

のである。

　このことは、現代の数理論理学においては「準同型定理」という形で知られている（数学に苦手意識のある読者は、この段落以下の三段落は読み飛ばしても構わない。とはいえ、受験数学の公式や計算テクニックの知識はまったく不要なので、時間に余裕があればぜひじっくり読んでみて欲しい）。「準同型」という数学用語は数理論理学の他に代数学の分野でも使われ、文献によって定義にも若干の違いがあるが、一言で言えば「ある構造からある構造への、構造を保った（関係や関数を保存する）写像」のことである。たとえば、前段落で例にとった

　　グー＞チョキ＞パー＞グー

の三すくみ構造（この関係は推移性を満たさない、つまりパーより強いチョキよりさらに強いはずのグーが、だからといってパーより強いということにはならないという意味で、通常の大小関係・順序関係とは異なっている。それゆえ不等号を用いるのは誤解を招く可能性があるが、じゃんけんの構造は読者にも周知であり誤解の可能性は少ないと判断し、便宜上不等号を用いている）は、グーをチョキに、チョキをパーに、パーをグーに移しても強弱の関係が保存される。つまり、グーをチョキに、チョキをパーに、パーをグーに移す写像（一般に「関数」と同じ意味で用いられ、数から数への関数とは限らない、様々な数学的対象の間の対応関係を表す場合に特に用いられる。言語表現も真理値も（少なくとも数

量という意味での）数ではないと考えると、先に議論した言語表現に意味論的値を対応させる関数Dは「写像」と呼んでもよかったわけである。本書で行ったように「関数」をこうした一般的な対応関係に用いることも広く行われており、また逆に数から数への対応関係を「写像」と呼んでも構わない。本書ではこうした数学での慣例に従い、「関数」と「写像」は同義に用いる。どちらも、一方の集合の要素に対して他方の集合の要素を一意に、つまり必ずただひとつだけ対応させるような対応関係のことを指している）をhとすると、h(グー)＝チョキ、h(チョキ)＝パー、h(パー)＝グーと表せる。この写像hは、たとえばグーがチョキに勝つという関係が成り立っている場合には、必ずh(グー)もh(チョキ)に勝つという意味で、この強弱関係を保存する。一般化して言えば、xがyに勝つ場合には、必ずh(x)もh(y)に勝つようになっている。強弱関係を不等号で表記すれば、「x>yならばh(x)>h(y)」が任意のどのx, yについても成り立っているとき、hはこの関係>を保存するというわけである（なお、文献によってはこの逆、つまり「h(x)>h(y)ならばx>y」も任意のどのx, yについても成り立つことを合わせて要求する定義を採用している場合もある（Enderton, 2020, p. 145）。関係を保存するというだけであれば本文での定義が自然だが、準同型定理の文脈ではこちらの強い定義を採用する方が便利であるので、本書でも準同型の定義にはこちらの強い定義を用いることにする）。このように構造の持っている関係や関数をすべて保存する場合（ただし、先に注記したように、関係の保存に関しては双方向の保存を要求する強い定義を採用する）に、hを「準同型」、ないし「準同型写像」と呼ぶのである。この例の場合、じゃんけん構造から同じじゃんけん構造への写像であったが、一般には異なる構造への写像でも構わない。

いまの例は関係のみを含む構造の例であったので、関数を持つ構造の例も扱っておこう。たとえば、{1, 2, 3, 4, 5, 6}のむっつの要素からなる集合を考えよう。この集合に、足し算という演算を入れた構造を考える。足し算はふたつの数を入力してひとつの数を出力する二項関数と考えられるので、これは関数の入った構造である。ただし、今回の例では有限の集合を考えているので、通常の足し算に従って計算するとすぐにはみ出してしまう(たとえば、3＋4を計算しようとすると7になってしまい、この集合の内部に出力すべき値が存在しない)。そこで、足し算の結果が6を超える場合にはその超えた分が出力となるように足し算を修正して考える。すなわち、2＋2＝4、1＋4＝5などは通常の足し算の通りだが、3＋4＝1、4＋4＝2のように考えるわけである。とはいえ、通常の足し算とこの修正した足し算が同じ表記では紛らわしいので、この新しい演算を二項関数fで表すことにしよう。つまり、たとえばf(2, 2)=4, f(1, 4)=5, f(3, 4)=1, f(4, 4)=2である。そして、この構造とは別のもうひとつの構造として、集合{1, 2, 3}と足し算からなる構造を考えよう。ただしこちらも通常の足し算をすると出力が外にはみ出してしまうため、入力を足して3を超えた場合には超えた分を出力とする関数gを考える。つまり、たとえばg(1, 2)=3, g(1, 1)=2, g(2, 2)=1, g(3, 2)=2である。さて、前者の構造(構造Aとする)から後者の構造(構造Bとする)へ何らかの対応をつける関数hを考えよう。いま仮にh(1)=1, h(2)=2, h(3)=3, h(4)=1, h(5)=2, h(6)=3とすると、このhは構造Aから構造Bへの準同型である。というのも、たとえば構造Aにおいてf(2, 3)

の値は5になるが、これに対応する計算g(h(2), h(3))（すなわち構造Aにおける2, 3に対応する構造Bの要素h(2), h(3)を、構造Aにおけるfに対応する構造Bの関数gに入力したもの）を構造Bにおいて行うと、構造Aにおけるこの計算の結果であった5にちょうど対応するh(5)になるからである。じっさい、h(2)=2, h(3)=3なので、g(h(2), h(3))=g(2, 3)=2となり、h(5)=2と一致する。このように、一方の構造上の関数で計算した出力結果を他方の構造に写像で移しても、先に入力を他方の構造に写像で移してから他方の構造上の関数で計算しても、いずれの順序で計算しても結果が一致するとき、この写像はこの関数を保存するという。写像が準同型であるためには、構造に含まれる関数も保存されていなければならない。

以上のように、準同型写像は一方の構造において成り立つことを他方の構造へと保存する仕方で対応づけを行う。それゆえ、こうした準同型による対応づけは、それぞれの構造で成り立つ文の真偽に影響を与えないことが予想される。じつは、準同型の中でも特に「同型（同型写像）」と呼ばれる写像であれば、それぞれの構造で真な文と偽な文とは完全に一致することを示すことができる。同型写像とは、対応させる双方の構造のすべての要素がその写像によって一対一対応しているような種類の準同型写像のことである。このような場合には、じゃんけん構造の事例のように、数学的にはまったく同じ構造をそのまま丸ごとコピーさせるような対応関係が成り立っている。同型写像が存在するような構造同士を「同型な構造」と呼ぶ。こうした場合には、どちらの構造で解釈していても文の真偽にはまったく齟齬が生じない。それゆえ、同型な構造のどれを用いて意味論的値を割り振ろうとも、いずれにせよそれぞれの文には同じ真理値が問題なく算出される。「準同型定理」とは、準同型写像や同型写像においてこうした真理値の保存がどのように成り立つかを示す定理である（詳しくは、Enderton, 2020, pp. 148-150 などを参照）。したがって、意味論的値として機能するという条件だけでは、同型な構造たちの指定する要素のうち、どの対象が本当の「志向的対象」なのか、という問いに答えてはくれないのである。だが、我々がそれについて考えていると言える対象はひとつだろう。我々がチョキについて考えているならばその志向的対象はチョキであり、同型であればグーでもパーでもよい、ということにはならないように思われる。つまり、志向的対象が意味論的値として機能するものでなければならないのは必要条件としてはその通りだとしても、これだけでは何が志向的対象であるのかを完全に説明したことにはならないように思われるのである。

第二節　無対象表象の問題は解決したのか

以上のような、準同型定理に基づく意味論的値の不確定性という論点の他に、志向的対象を意味論的値として解釈する議論に対するもうひとつの反論の余地がある。それは、フッサールが自らの志向性理論の重要な課題として言及していたはずの、無対象表象の問題をこの議論では解決できないのではないか、という疑念である。

惑星ヴァルカンについて我々（や当時の科学者たち）が語るとき、その意味論的値は心的イメージなどではなく、惑星ヴァルカンの現物でなければならないということを議論した。しかし、惑星ヴァルカンは存在しなかったのだから、その「現物」というのはどこにも存在しないのではないだろうか。確かに、「惑星ヴァルカンは水星よりも大きい」という文の真偽を調べるのに心の中のイメージをいくらこねくり回したところで決着はつかない。しかし同様に、現物は見つからないのだから、現物を調べて決着をつけるということも結局は不可能なのではないだろうか。そうだとすると、確かにこの文の主語の意味論的値はもし存在するのなら惑星ヴァルカンの現物以外ではあり得ないが、しかしじっさいにはその要件を満たす意味論的値は存在しないのではないだろうか。もしそうであれば、そして志向的対象を意味論的値と考えるのであれば、この主語は志向的対象を欠くと考えざるを得ないだろう。ということは、やはり惑星ヴァルカンについて考えることは志向性を持たない、対象のない思考だということになるのだろうか。しかしまさにいま、「惑星ヴァルカンについて考える」と言っているのではないだろうか。何について考えているのか、と言えば「惑星ヴァルカンについて」なのだから、やはり惑星ヴァルカンが志向的対象だ、と考えなければならないのではないだろうか。しかしそれは、存在せず、我々が発見して調べるようなことも当然できず、それゆえそれを指示する表現を含む文の真理値に決着をつけることなど到底望むべくもないものである。そうであるなら、やはりそれは意味論的値とはみなすことができないのではないだろうか。

同様の疑念は、フィクションの対象についても生じうる。確かに、「シャーロック・ホームズは火掻き棒を素手で曲げるほどの腕力の持ち主である」という文の真偽は、心の中のイメージをいくら眺めていてもわからないだろう。そしてそもそも、心の中のイメージには火掻き棒を曲げる力はない。しかし、それを言うのであればシャーロック・ホームズの現物、シャーロック・ホームズ本人についても同じなのではないだろうか。シャーロックは虚構の世界の存在であり、この現実世界には存在しない。それゆえもちろん、シャーロックについての心の中のイメージに現実世界の火掻き棒を曲げる物理的な力が備わっていないのと同様に、シャーロック本人にも現実世界の火掻き棒を曲げる力はない。彼に現実世界への因果的介入は不可能なのである。そしてもちろん、惑星ヴァルカンのときと同様に、彼の筋力を調べるために我々がシャーロック本人を発見し、たとえば腕の筋肉を検査することも不可能である。それゆえ、「シャーロック・ホームズは火掻き棒を素手で曲げるほどの腕力の持ち主である」という文の真偽は、シャーロックの心的イメージによって決着しないのと同様、シャーロック本人を調べることによっても決着しないのではないだろうか。そうであれば、やはりこの場合もシャーロック本人が意味論的値であるかどうかは疑わしい。むしろこの場合には、我々が調べるべきは小説のテクストではないだろうか。しかし、我々は「小説のテクストについて」思考し、語っているわけではない。我々はあくまで「シャーロック・ホームズについて」思考し、語っているのである。それゆえ、この場合もまた志向的対象は意味論的値ではあり得ないように思われる。

第三節　フッサールにおける「意味」の概念

以上のような疑問に答えるためには、確かに「志向的対象＝意味論的値」という説明だけでは不十分である。志向的対象がもし一意に、つまり一通りに定まるはずであるのなら、そしてもし対象が実在しない場合でさえ志向的対象が何であるのかということを何らかの意味で語る必要があるのなら、文の真理値をそれによって定めることができるような何らかの存在者、という条件だけでは明らかに不十分である。だがここで、現象学についてこれまで耳にしたことのある読者の中には、ことによるとより根本的な解釈上の疑念を抱いている人もいるかもしれない。フッサールの現象学は、実在の世界のことを括弧に入れて、意識の中の体験だけを記述するようなものではないのだろうか。もしそうであるなら、惑星ヴァルカンやシャーロック・ホームズどころか水星、金星やナポレオンのような実在する対象であれ、そもそもそうした「対象」については現象学は何も語らないのではないだろうか。現象学はフレーゲが語っていたような指示対象という意味での「対象」は括弧に入れて、対象の指示がどうあれ我々の意識において思考され、把握されている思考内容、「意味」の方だけを問題にするのではないのだろうか。フッサールの現象学というものについてあらかじめイメージを持っていた読者の中には、こうした疑念を持つ人もいるかもしれない。この疑念はじつは誤解なのだが、しかし一面で重要な真理を含んでもいる。そこで、フッサールが「対象」と区別される「意味」について語っていることを手掛かりに、こうした疑念のどの点が正しく、どの点が誤っているのかを明らかにしよう。

『論理学研究』の中で、フッサールは多くの箇所で「意味」の概念について語っている。その多くの箇所で、フッサールは「意味」の概念を「対象」の概念と対比しつつ、また「対象」概念と結びついた仕方で導入している。まずは対比が鮮明に為されているところを確認しておこう。

> 意味と、対象への関係とを分けるための最も明晰な実例を我々に提供しているのは名前である。名前の場合、後者については名指しという言い方が一般に用いられている。ふたつの名前は異なるものを意味しながら、同じものを名指しうる。たとえば、イエナの勝者とワーテルローの敗者、等辺三角形と等角三角形がそうである。表現された意味はそれぞれの対において明らかに異なっているが両方とも同じ対象が考えられている。(Hua XIX/1, p. 53、『論理学研究2』p. 58)

「名前」と訳したドイツ語のNameは、ここでは必ずしも人名や地名のような「固有名詞」とは限らず、また文法的な意味での「名詞」とも限らない。そうではなく、例に挙げられているように、何らかの対象を名指し、それによって固有名詞と同様に主語や目的語の役割を果たしうるような表現が一般に「名前」と呼ばれている。だから、「ナポレオン」のような固有名詞だけでなく、「イエナの勝者」や「ワーテルローの敗者」も名前の例として挙げられているわけである(いずれもナポレオンを指す）。「名指す」と訳したnennenはこれまで「指示する」と呼んでいたものに相当し、要するに指示対象を指し示すということである（なお、邦訳では「命名する」と訳されているが、これは通常「初めに名前をつける」場合に使う言葉だから、大いに誤解を招く。また、Nameも邦訳では「名辞」と訳されているが、一般読者には馴染みがないと思われるので、「名前」と訳した）。引用末尾の「同じ対象が考えられている」と訳した「考える」の原語はmeinenであり、これはフッサールの翻訳では慣例的に「思念する」と訳されている。意味合いとしては、これまで述べてきた「志向的対象について考える」、「対象を表象する」、「指示対象を指示する」といった意味で理解して問題ない（文脈によっては、信念や判断のようにそれが真であることにコミットする仕方で「しかじかであると考える」という意味になることもある）。つまりここで述べられているのは、同じ指示対象を指示するような表現でも意味が異なる場合があることを実例として、意味と「対象への関係」、意味と指示を区別できるということである。すると、「対象への関係」とは区別されるのだから、対象を指示するということとはまったく独立に、また対象の有無とは無関係に、「意味」というものがそれだけで考えられるように思われるかもしれない。しかしそれは誤解である。というのもフッサールは、意味と対象への関係を以下のように密接に結びつけて理解しているからである。

意味の中で、対象への関係が構成される。したがって意味を伴って表現を用いることと、表現することによって対象に関係すること（対象を表象すること）はひとつのことである。（Hua

XIX/1, p. 59、『論理学研究2』pp. 64-65)

だが、意味と対象への関係とは区別されるのではなかったのだろうか。両者が区別されながら同じひとつのことであるとは、いったいフッサールは何を言っているのだろうか。

「意味」と「対象」の概念がこのように密接に結びついているのだとすると、ではいったい対象が存在しない場合の意味をどのように考えたらよいのかが問題となる。ここで述べられているように「意味を持つ表現を用いること」と「対象に関係すること」が同じひとつのことなのであれば、表現は対象を欠くことはなく、必ず対象を持つのではないだろうか。じつは、ダメットや、ダメットのフッサール理解に影響を与えたデヴィッド・ベルといった論者はこの種の解釈を採っている。しかし、惑星ヴァルカンやシャーロック・ホームズ、ドラえもんやツチノコ、「最も速く発散する数列」(フレーゲが挙げている例。どんな数列に対してもそれより速く発散する数列を考えることができるので、最も速く発散する数列というのは存在しない)などの例から明らかなように、我々がそれについて思考するような対象というのは必ずしもすべて存在するとは限らない。すると、志向性理論で言う「志向的対象」とは、もしそれがあらゆる場合に必ず存在するのであれば、通常の意味での「対象」の現物そのものとは区別されるのでなければならない。後者は必ずしも存在しないにもかかわらず、後者が存在しないような場合にも必ず存在するのが前者だと言われているからである。しかし、この解釈は少なくとも『論理学研究』に大成される初期フッサールの志向性理論解釈としては明白に誤っている。また、のちに確認するように、それは事柄の説明としても大きな難点を持たざるを得ない。ここではまず、少なくともフッサール解釈としては大きな問題があることを確認しておこう。

フッサールは、「志向的対象」とはまさに表象された対象そのもののことであることを以下のように明言している。

志向的内容の第一の概念については、長々とした準備は必要ない。それは志向的対象に該当し、たとえば我々がある家を表象しているならば、まさにこの家のことである。(Hua XIX/1, p. 414、『論理学研究3』p. 198)

さらに、この志向的対象と現実の対象そのものを別のものとして分離しようとするのは誤りであるということもはっきりと明言している(説明の便宜上、第二版を用いる)。

一方の「単に内在的」もしくは「志向的」諸対象と、他方の、場合によってはそれらに対応する「現実的」かつ「超越的」対象とのあいだに、そもそも何らかの実的区別を行うならば、それは重大な誤謬である。(Hua XIX/1, pp. 438-439、『論理学研究3』p. 224)

であれば、フッサールの「志向的対象」概念、および「対象」概念を理解するうえで、対象そのものとは同一ではない何らかの代理物を我々が表象、ないし指示し、それを「志向的対象」としてそれについて思考しているのだ、という解釈には大きな問題があるのである。この引用箇所の意味するところはのちに議論が進んだ際に改めて詳しく解説するが、さしあたりフッサールが対象の二重化による問題の解決というアイデアを拒否していることは読み取れるだろう。

それゆえ、フッサールの「志向的対象」は現実の対象そのもののことであり、したがって必ずしもすべての場合に存在するとは限らない。しかし、フッサールの志向性概念は、我々が考えるときにはそれは必ず何かについてのものであり、志向性を持つということではなかったのだろうか。この事情を完全に明らかにするには以下の「意味」についての考察を完成させなければならないが、フッサールが「(志向的)対象は常に存在する」とは考えていないことの証拠を示しておこう。フッサールは、『論理学研究』に先立つ一八九四年の「志向的対象」論文において、既に以下のように述べている。

> それに応じて、あらゆる表象は外延をもつ、それぞれの対象を表象するという話は、単に非本来的な語り方として解釈されなければならない。その本来的な意味は、「あらゆる表象は、それに対して付属する肯定的な存在判断が妥当するとするならば、外延をもつ、ひとつ以上の対象を表象する」という命題によって表現され、もしくは間接的に示唆される。(Hua XXII, p.

322)

しかしここで、フッサールはさらに一見謎めいた言い方も残している。

> こうした詳細な考察を経て、志向的対象と真の対象の区別に隠された非本来性を我々は明らかにし、同様にまた、表象された対象という玉虫色の言い回しが我々を巻き込む見かけ上の矛盾を解消したとみなしてよい。対象が実際には実在しなかったり、対象の有無を未定にしておかなければならないような場合にも、こうした語り方は実用上不可避なので、対応する対象という言い方を本来的なもの、表象された対象という言い方を非本来的なものとして固定するという仕方で、表現の仕方に違いをつけるのが最善である。このとき「あらゆる表象は対象に対応する」という命題は偽であり、「あらゆる表象は対象を表象する」という命題は真である。前者の正しい対応物は、「必ずしもあらゆる表象「V」に関して付属の存在判断「Vがある」が妥当であるというわけではない」ということを述べている。(Hua XXII, pp. 335-336)

「あらゆる表象は対象に対応する」という命題が偽でありながら、かつ「あらゆる表象は対象を表象する」とはどのようなことだろうか。この疑問には以下の考察の最後に答えよう。まずは、フッサールが必ずしも「すべての場合に表象される、指示される対象が存在する」とは考えていないことさえ確認できれば十分である。なお、この二箇所の引用文に登場する「妥当（する）」という用語も見慣れない読者が多いと思うが、ここでは「真（である）」と読み替えておいてよい。この語の意味については後程第四章第五節でフッサールのプラトニズムを検討する際に解説する。

第四節　意味の想像イメージ説

しかしそうだとすると、我々は対象が存在しない場合にも、すなわち志向的対象が存在しないような場合にも理解し得るような仕方で「意味」の概念を解釈しなければならない。だが、先に見たように、フッサールが「意味」を「対象への関係」と結びつけて理解しているのは確かである。さらにフッサールは、以下のような仕方で「意味」概念そのものを特徴づけてもいる。

> 表現は対象を、表現の意味「によって」表示する（名指す）のであり、言い換えれば意味するという作用は、そのつどの対象を考える一定の仕方である——ただし有意味な思考のこの仕方、したがって意味そのものは、対象的方向が同一に保たれている場合にも変動しうるのである。（Hua XIX/1, pp. 54-55、『論理学研究2』pp. 59-60）

ここでは「意味するという作用は」という表現が用いられており、正確には「意味とは」という形で書かれているわけではないが、この両概念の関係についてはのちに検討する。この違いをさしあたり無視すれば、ここではおおよそ「意味とは対象を考える一定の仕方である」ということが言われていることになる。ここで「考える」と訳した動詞は先にも登場した meinen であり、その含意を含めて訳し直すならば「意味とは対象について考える一定の仕方である」としてもよいだろう。すると、意味があるところには必ず「対象について考える」ということがあることになり、ならば志向的対象も必ず存在するのではないだろうか。そもそも、もし志向的対象が存在しないなら、存在しないものを考える仕方とは何だろうか。こうした問題は、フレーゲに対しても同様に指摘することができる。フレーゲは、彼の「意義（Sinn）」の概念を「意味（Bedeutung）の与えられ方」、つまり「対象の与えられ方」として特徴づけている。だが、存在しないものの「与えられ方」とはいったい何だろうか。与えられる当のものが存在しないなら、与えられ方もまた存在しないのではないだろうか。与えられるものが存在しないのに与えられ方だけが存在するとは、まるで『不思議の国のアリス』に登場するチェシャ猫が、笑いだけを残して姿を消してしまった、「猫なしの笑い」と同じくらい不可思議なことではないだろうか。志向的対象が存在しないときにも、なお存在する「対象を考える一定の仕方」、「対象の与えられ方」とはいったい何であろうか。

対象が存在しない場合、たとえば惑星ヴァルカンやシャーロック・ホームズの場合にも、我々はそうした対象を思い浮かべることはできる。対象そのものは実在しなくとも、我々が思い浮かべた想像のイメージは存在するのではないだろうか。ここで、イメージが対象だと考える理論は既に論駁されたのではないかと思った読者もいるかもしれない。しかし、いま検討しているのは、イメージが対象であるという主張ではなくイメージが意味であるという主張なので、混同しないよう注意して欲しい。ここで考えたいのは、志向的対象すなわち惑星ヴァルカンやシャーロック・ホームズの現物そのものは存在しないのだが、しかし想像されたイメージが意味として存在するので、対象はなくとも意味はある、という立場である。じっさい、対象はないとしても対象について一定の仕方で考えてはおり、そこで思い浮かべられているイメージがその仕方だ、と考えれば対象が不在の場合にも意味の概念は理解し得る。対象が無事存在する場合であっても、同じナポレオンについて考える際にもそれを「イエナの勝者」という華々しいイメージによって考えるか、それとも「ワーテルローの敗者」という屈辱的なイメージによって考えるかという違いによって、「同じナポレオンという対象について考える仕方の違い」が生まれるわけである。ということは、これこそがフッサールの言う「意味」なのではないだろうか。

しかし、フッサールはこの理解を『論理学研究』第一研究第二章第十七節において明確に否定している。想像的なイメージが浮かばなくとも有意味な理解というのはありうるし、とりわけ複雑な数学的命題の場合に意味の理解をイメージに求めるのは無理だろうとフッサールは言う。また、イメージが違ったとしても、それで意味の理解が異なるということにもならない。フッサールは、「ビスマルク」という名前の理解を例に取り、この語の理解のためにイメージは関係ないということとを以下のように述べている。

私が「ビスマルク」という名前を聞く場合、この語の統一的な意味においてこの語を理解するためには、ソフト帽をかぶり外套を着た長身の人物を思い浮かべようと、甲騎兵の制服を着た人物を思い浮かべようと、あるいはあれこれの図像による描写を手掛かりにして彼の姿を想像の中に思い浮かべようと、それはまったくどうでもよいことである。(Hua XIX/1, p. 103、『論理学研究2』p. 108)

それゆえ、意味を想像されたイメージと同一視するような理論は少なくともフッサール解釈としては採ることができない。

第五節　可能世界による「意味」解釈

では、対象が存在しない場合にもなお存在する「対象を考える仕方」とはいったい何なのだろうか。惑星ヴァルカンを例に取ろう。確かに、惑星ヴァルカンは存在しない。しかし、だからといって対象を考えるということがまったくできていないかというと、そうではないだろう。この現実世界で惑星ヴァルカンが見つからなかったというのは、たまたまのことではないだろうか。確かに惑星ヴァルカンはこの世界では見つからなかったが、無事に惑星ヴァルカンが見つかる未来だってあり得たはずである。惑星ヴァルカンについて考えるとき、その概念、思考の内容、つまり意味に応じて、適切な状況では「これがヴァルカンだ」というものが選び出されていたはずである。この現実世界では、たまたまそれが見つからなかっただけであって、別の状況、別の世界の在り方によっては正しく対象を選び出せるのだから、対象についての思考が存在しなかったということにはならない。とすれば、適切な対象を状況に応じて選び出すこの仕方こそが、「対象を考える一定の仕方」なのではないだろうか。

対象が存在する場合についても検討しておこう。「最大の哺乳類」という表現を考える。この表現の指示対象は「シロナガスクジラ」であろう。しかし、この表現の「意味」を考えるならば、それはシロナガスクジラを指す、ということには尽きないはずである。それはまさに「最大の哺乳類」であるものを指すのだ、ということの理解が、この表現の意味の理解には含まれている。つまり、進化の結果がいまと異なっていれば、場合によってはアフリカゾウを指すかもしれないし、ホッキョクグマを指すかもしれない。いずれにせよ、そのつどの状況の中で適切に「その状況の中での最も大きな哺乳類」を選び出すことが、この表現の意味が要求していることである。そうであれば、「意味」とは、状況ごとに適切な指示対象を選び出す機能を持ったものであるはずである。するとこ現実とは異なる状況を持った可能な世界の在り方を、「可能世界」と呼ぶことにしよう。するとこの機能は、可能世界ごとにその世界の中の適切な指示対象を割り当てる機能であることになる。「指示対象」を名前以外の表現にも使えるようより一般化して述べるなら、「意味」とは「可能世界の集合を定義域とし、可能世界ごとにその世界での意味論的値を対応させる関数」であることになる。正確に言えば、「惑星ヴァルカン」の事例のように場合によってはいくつかの世界には対応する適切な指示対象がない、ということもあり得る。そのためこの「関数」は値を必ず出力するとは限らないため、正確には「部分関数」と呼ぶべきものである。

ヤッコ・ヒンティッカという哲学者は、フッサールの「意味」の概念をこうした仕方で解釈している。確かにこうすれば、たとえ現実世界には指示対象がない場合でも、それはたまたま一部の入力に対して出力が得られなかったというだけのことであり、他の可能世界に対して適切に対象が出力されるなら、(部分)関数としての「意味」は正しく機能していることになる。こうして、ヒンティッカの解釈では対象が存在しない場合の意味、すなわち「対象を考える一定の仕方」というものを、可能世界からの(部分)関数として理解してやることができるわけである。また、同じ対象を名指していても意味が異なる場合がある、というフッサールの指摘に対しても、この解釈で説明を与えることができる。確かに現実世界では「イエナの勝者」と「ワーテルローの敗者」は同じナポレオンを指すが、しかし歴史の流れが少しでも違っていれば、ナポレオンがワーテルローの戦いに勝っていた世界もあったかもしれない。すると、この可能世界では「ワーテルローの敗者」というのはウェリントンであったかもしれない。ナポレオンが勝利したこの可能世界をW2とし、ナポレオンが敗北した現実世界をW1としよう。ただし、W2でもイエナの戦いではナポレオンが勝利したとする。じっさいにはこれら以外にも無数に異なる状況は考えられ、無数の可能世界を考えなければならないが、簡略化のためにここでは可能な世界のバリエーションとしてW1、W2だけを考えることにする。この場合、「イエナの勝者」も「ワーテルローの敗者」も現実世界での指示対象は同じナポレオンだが、意味すなわち可能世界から指示対象への関数は異なっている。というのも、「イエナの勝者」の意味は{(W1, ナポレオン), (W2, ナポレオン)}であるのに対して、「ワーテルローの敗者」の意味は{(W1, ナポレオン), (W2, ウェリントン)}であるからだ。なお、ここで用いた{(W1, ナポレオン), (W2, ウェリントン)}のような表記法は、二項述語の意味論的値のところで用いた順序対を用いている。つまり、この集合の要素であるそれぞれのペアは、どの入力にどの出力を対応させるのかという対応関係を表しているわけである。この集合の場合、この{(W1, ナポレオン), (W2, ウェリントン)}という集合全体で「入力W1には出力ナポレオンを、入力W2には出力ウェリントンを対応させる」という対応関係を表しているわけである。このように、入力と出力のペアである順序対の集合によって関数を表す表記法は集合論に基づく現代数学では標準的に用いられる。かくして、要するにヒンティッカの解釈は、可能世界ごとにその世界での指示対象を対応させる（場合によっては指示対象のない可能世界もある）順序対の集合をもってフッサールの言う「意味」の概念を捉えるわけである。

確かに、この解釈には（1）対象を欠く表現にも意味があることを説明できる、（2）指示対象が同じでも意味は異なりうることを説明できる、という利点がある。しかし、この解釈には難点もある。それは、(a) そのような関数を我々はどうやって学ぶのか、(b) 数学的表現の意味の違いはこの解釈では説明できない、という二点である。順に説明していこう。

ヒンティッカ流の意味の概念には確かに (1) と (2) の利点がある。しかし、こうした意味の概念は果たして我々に習得可能なものだろうか。つまり、我々はある表現にどの意味を結びつけたらよいのかを、この解釈のもとで学ぶことができるだろうか。一般に、ある特定の言語表現にどの意味を結びつければよいのかを、我々は後天的に習得する。もちろん言語能力にある種の先天性を認める議論は様々にあるが、しかし具体的にどの表現にどの意味が結びついているかは後天的に学ぶしかないだろう。そもそも生まれてくる以前にはどの言語を学ぶことになるのかも決まっていないのだから、あらかじめ表現と意味の結びつきを習得して生まれてくることなどありそうにない。そうだとすれば、我々は生まれてから周りの大人の言語使用を観察することによって、あるいは辞書や教科書などを通じて明示的に教わることによって、後天的に言語を学んでいるはずである。しかし、我々はそもそも現実世界の中での出来事しか観察できない。ある表現が他の可能世界で何を指示しているかなど観察する機会はない。明示的に教わるにしても、そもそもヒンティッカの言うような「可能世界からの関数」は入出力をリストアップして教わることができるようなものではない。先程は簡略化のために{W1, W2}という小さな集合を定義域として考えたが、じっさいにはおよそ可能な世界の状況というのはもちろん無数にありうる。つまり、じっさいにはおよそあり得る可能世界すべてを集めた集合というのは｛W1, W2, W3, ……｝と無限集合になると考えられる。すると、このリストは到底列挙して暗記できるような代物ではない。じっさいには無限集合にまではならないのだとしても、この関数の入出力リスト（厳密には「リスト」は順序を含むので「入出力（を表す順序対）の集合」と「入出力のリスト」は異なるが、いずれにせよここでの議論には影響しないので、イメージの掴みやすい方の表現で考えてもらって構わない）が膨大な量になることは間違いなく、いずれにせよ我々がそうした入出力の集合を与えられて表現の意味を学んでいったとは考え難い。そうした我々が習得することができないようなものを、表現の意味と考えるポイントはあるだろうか。意味とは我々が言語を理解しているときにまさに理解しているもののことなのではないだろうか。この点は議論の余地があるものではあるが、少なくともフッサール解釈としては「意味」は我々に把握可能なものであるべきことをのちに第四章第二節で見る。つまり、習得可能性を説明できない限り、ヒンティッカ流の解釈には少なくともフッサール解釈としては問題があることになる。

ヒンティッカ流の解釈のもうひとつの難点は、この解釈では数学的表現などの「どの可能世界でも同じ対象を指示する」表現の意味の違いを説明できない点である。この難点は、フッサールが数学の基礎づけという問題意識から哲学に導かれたことを考えれば、とりわけフッサール解釈としては無視できない問題である。では、数学的表現などの「どの可能世界でも同じ対象を指示する」表現の意味の違いを説明できないとはどういうことだろうか。たとえば、「10未満の最大の素数」という表現と、「4番目の素数」という表現とは、同じ自然数7を指す。だが、このふたつの表現は

「同じ意味」ではないだろう。単に表現の言い回しが違うだけでなく、このふたつは実質的にも違うことを述べているはずである。しかし、その違いはヒンティッカ流の可能世界からの関数では表現することはできない。というのも「10未満の最大の素数も4番目の素数もどちらも共に7である」という事実は数学的真理であって、どんな状況下であれ必然的に成り立つことであって、可能世界によっては差が出てくるというようなものではないからである。それゆえ、この両者のヒンティッカ流の「意味」はどちらも{(W1, 7), (W2, 7), (W3, 7), (W4, 7), ……}であって、両者は指示対象だけでなく意味も同じになってしまうのである。このために、ヒンティッカ流の解釈では同じ対象を指す数学的表現の意味の違いを説明することができない。これに対して、「どの可能世界でも対象が常に同じであるのなら、じつはそれらは同じ意味なのではないか」と思う人もいるかもしれない。しかし、どの可能世界でも対象が常に同じ意味だからといって、必ずしも同じ意味であるとは考えがたい。たとえば、「「nが3以上のとき、xのn乗とyのn乗の和がzのn乗に等しくなるような正の整数x, y, zは存在しない」という命題の真理値」という表現と、「「3+4=7」の真理値」という表現はあらゆる可能世界で同じ対象を指す。というのも、前者の引用符内の命題はいわゆるフェルマーの最終定理であり、この命題は真であることが証明されている。この命題が真であることは数学的に証明されることであり、世界の中の偶然の事情により真偽が左右されたりはしないから、したがってこの前者の表現はあらゆる可能世界で真理値「真」を指す。そして、後者の命題「3+4=7」ももちろんあらゆる可能世界で真であるから、後者の表現もあらゆる可能世界で真理値「真」を返す。すなわち、これらのヒンティッカ流の「意味」はどちらも{(W1, 真), (W2, 真), (W3, 真), (W4, 真), ……}という関数であり、これらの表現は「同じ意味」であることになる。しかしそうであれば、一方が真理値「真」を指すことを知っている人は、他方が真理値「真」を指すことも当然知っていることになるだろう。まったくの同義、同じ意味なのであれば、当然同じ対象を指すことはわかっているからである。だとすれば、「3＋4＝7」が真だと知っている人は、皆フェルマーの最終定理にあたる命題が真だということも知っていることになる。しかし、後者の命題は多くの数学者や数学愛好家たちが二〇〇年以上も格闘し続けた問題であり、彼らのほとんどは「3＋4＝7」が真だとは知っていてもフェルマーの最終定理にあたる命題が真だとは知らなかったわけだ。それゆえ、あのふたつの表現が「同じ意味」を持つと考えることにはやはり無理があるだろう（ここで、これらの表現は同じ意味ではあるが、そのことが知られていないのだと考えれば一方の指示対象を知っていても他方の指示対象を知らないことは説明できる。しかし、この考え方は先にも触れた意味に関するフッサールの考え、つまり意味とは主体自身が把握しているものだという考えに抵触する。本書では、この論点をのちに意味の透明性の要求として検討する）。したがって、この両者の意味の違いを説明できないヒンティッカ流の解釈にはやはり難点があるのである。

第六節　フレーゲの「意義」概念とフッサールの「意味」概念

では、フッサールの「意味」の概念をいったいどのように理解したらよいのだろうか。ここで、フレーゲもまた彼の指示対象にあたる「意味（Bedeutung）」の概念の他に、「意義（Sinn）」の概念を用意していたことを思い出そう。フレーゲもまたフッサールと類似した仕方で、この概念を「対象の与えられ方」、「意味（Bedeutung）」の与えられ方として記述していたのだった。では、フレーゲの意義の概念はどのように理解されているのだろうか。

ここでも、ダメットのフレーゲ解釈を援用しよう。彼は、フレーゲの意義の概念を以下のように捉えている。

> 表現の意味論的値は、フレーゲの理論によれば、その表現の意義ではない。表現の意義は心に与えられることが可能でなければならないのに対して、与えられるものというのは決して端的に対象や関数であることはできない。カントが述べたように、「あらゆる対象はある特定の仕方で与えられる」。表現の意義とは、その表現の意味論的値を決定するためのある特定の手段である。（Dummett, 2006, p. 46）

既に確認しているように、ここでもダメットはフレーゲの「意味（Bedeutung）」の概念を意味論的値と捉えている。この概念は、これも既に確認したように、名前の場合は指示対象に相当し、述語の場合には外延に相当する。述語の外延は、たとえばじゃんけんの手のあいだの「xはyに勝つ」という関係を表す二項述語Wであれば、{(グー, チョキ), (チョキ, パー), (パー, グー)}という順序対の集合と考えてよい。この集合があれば、我々は名前g, c, pの意味論的値グー、チョキ、パーと併せてWgcやWgpの真理値を求めることができる。たとえば、Wの外延にg, cの意味論的値グー、チョキを（この順で）当てはめると、(グー, チョキ)がWの外延に要素として含まれていることからWgcの真理値は真であるとわかるし、Wの外延にg, pの意味論的値グー、パーを（この順で）当てはめると、(グー, パー)がWの外延に要素として含まれていないことからWgpの真理値は偽であるとわかる。以上の事情を振り返ると、Wの外延が果たしている役割というのは、要するに名前の意味論的値である対象の順序対を受け取り、それをWの外延である順序対の集合に照らして真偽を決定する、という役割である。そのため、この述語の外延というものは、要するに対象（の順序対）を受け取って真理値を返す関数（ないし写像）の役割をしていると考えることもできる。もちろん、「xはコルシカ島出身である」のような一項述語の場合はナポレオンを受け取って真理値「真」を返し、ジャンヌ・ダルクを受け取って真理値「偽」を返すような一変数関数であり、「xをyで割った余りはzである」や「xはyとzの子である」のような三項述語の場合は、(13, 3, 1)を受け取って真理値「真」を返し(8, 3, 1)を受け取って真理値「偽」を返す関数や、(マリー・アントワネット, フランツ1世, マリア・テレジア）を受け取って真理値「真」を返し、(徳川秀忠、豊臣秀吉、浅井茶々）を受け取って真理値「偽」を返す関数のような三項関数である。

かくして、述語の意味論的値とは一般に、適切な個数の対象のリストを受け取り、真理値を返すような関数だと考えることもできる。じつは、フレーゲ自身は述語の意味論的値をそのように考えていた。それゆえ、フレーゲの枠組みでは意味論的値というのは対象か関数である。先の引用でダメットが「与えられるものというのは決して端的に対象や関数であることはできない」と言っているのは、要するに「意味論的値そのものが端的に心に与えられることはあり得ない」ということを述べているわけである。「端的に」というのはやや説明の難しい語ではあるが、ここでは対象や関数が必ず何らかの特定の仕方で与えられ、そうした仕方を抜きにしてただその対象だけが与えられることはない、ということを述べていると考えてよい。「与えられ方」と言われてもピンとこない読者は、対象の「呼び方」を考えみて欲しい。我々は誰かを端的に呼ぶことはできない。というのも、ただ誰を呼んだのか、という指示対象だけがそこで特定されるわけではなく、必ず「どのように呼んだのか」、つまり名前を呼び捨てることによって呼んだのか、敬称をつけて呼んだのか、「部長！」などのように役職名で呼んだのか、「あなた」などの人称代名詞で呼んだのか、等々、必ず何らかの一定の仕方で呼んでいるはずであり、必ずそれによる何らかのニュアンスが入ってきてしまう。そうしたいかなる「呼び方」からも中立的に、ただ純粋に「誰を呼んだか」ということだけを特定する呼び方などあり得ない。そこには必ず「どう呼んだのか」が入ってきてしまう。さしあたり、ここで述べられているのはそのようなことだとイメージすればよい。ダメットはカントを引き合いに出しているが、哲学史の知識のない読者はこの部分は気にしなくて構わない。念のため説明しておけば、カントは神ならぬ有限な我々は対象そのものが存在する通りの在り方を直接知ることはできず、時間空間のような一定の形式のもとで感覚器官を通じて知覚される対象の姿しか知ることができないと述べていた（ここでは立ち入る余裕はないが、カント『純粋理性批判』感性論の議論を参照）。時間空間が対象の与えられる一定の仕方だと言われてもなかなかイメージしづらいかもしれないが、よりフッサールに引きつけて言えば、我々はある一定の視点からの対象の姿しか見ることができず、別の角度からは異なる姿が見えるだろうし、またどの視点から見たとしても、我々の感覚器官を通じて見える姿はトンボの眼やコウモリのソナーを通じて見える同じ対象の姿とは大きく異なるだろう。つまり、我々にはそうした様々な仕方を抜きにした形で「対象そのもの」がただ与えられるということはあり得ないわけだ。同様に、関数もまた我々に「端的に」与えられることはできない。これはとりわけ定義域が無限であるような関数を考えるとわかりやすい。たとえば、「1を足して二乗する」という自然数上の関数を考えると、これは集合論的に言えば｛(0, 1), (1, 4), (2, 9), (3, 16), (4, 25), ……｝という関数になるが、この「1を足して二乗する」というのはこの関数のひとつの与えられ方に過ぎない。たとえば、「二乗したものと二倍したものを足し、1を足す」という仕方でも、同じ関数を表せるからである（つまりこれは $f(x)=(x+1)^2$ と書いても $f(x)=x^2+2x+1$ と書いても同じ関数を表すということである）。それゆえ、対象にせよ関数にせよ、意味論的値は一般に、端的にそれが与えられるということはない。

では、ダメットはフレーゲの「意義」をどのように捉えているのか。先の引用では、「表現の意義とは、その表現の意味論的値を決定するためのある特定の手段である」と書かれていた。我々は、その表現の意味（ここで言う「意味」は一般的な意味でのそれであり、フレーゲの用語で言えば「意味」ではなく「意義」にあたる）は知っているような表現でも、意味論的値が何であるかを知っているとは限らない。たとえば、電車の中で「この車両にいる一番背の高い人」という言葉を聞いたとして、この意味するところはすぐに理解できたとしても、その意味論的値である指示対象が誰なのかは直ちにはわからないことも多いだろう。しかし、この指示対象が誰なのかを決定するための「手段」は既に持っており、あとはこれを実行しさえすれば指示対象を探し出すことはできる。つまり、車両を移動せずにその車内を探し、身長の高さを比べて最も背の高い者を選び出せばよい、という手続き、手順がそれである。それがわかっていれば、じっさいには誰を指示するかが直ちにはわからなかったとしても、この表現の（通常の意味での）意味がわからないということにはならない。どうやって指示対象を、つまり意味論的値を探し出せばいいのかの手段は既に知っており、あとは必要に応じてそれを実行すればいいだけだからである。また逆に、「ではその「この車両でいちばん背の高い人」とやらをじっさいに探してみろ」と言われたとき、「混んでいるので邪魔だから嫌だ」、「座っている人を立たせないと調べられないので無理だ」、「なぜわざわざそんなことをしなくてはいけないのか、面倒くさい」といった理由で断るならともかく、「いったいそれはどう探せばよいのか、やり方がまったくわからない」という人がもしいたら、その人は「この車両でいちばん背の高い人」という言葉の意味を理解しているとは言えないのではないだろうか。こうした意味で、指示対象を（探そうと思えば）探すことのできる探し方というのは我々の意味の理解というものに対応しているように思われる。

同様のことがよりはっきりと見て取れるのは、数学の場合である。「10以下の最大の素数」と「4番目の素数」は同じ自然数7を指すが、意味は異なるだろうということを先に見た。それは、これらが自然数7を指すということをそもそもどう調べたらよいか、という調べ方、探し方が異なるからではないだろうか。つまり、前者を探すには10から順に素数であるかどうかを調べていき、降っていって最初に見つかった素数がそれであるという調べ方をするか、または小さい方から順に調べて、それより大きい素数が見つかり次第候補を入れ替え、10に達するまで続けるといった手続きが必要になる。他方、後者を探すには下から（0からなのか1からなのか2からなのかはあまり本質的ではない）調べればよく、4番目である7まで達すればそれより大きな数は調べる必要がない。いずれにせよ、こうした手続きのなかでそもそも「順に調べているそれぞれの候補が素数であるかどうか」の判定方法がわかっていることは大前提であり、その理解がなければいずれの表現の意味もわかっているとは言えないだろう。素数であるか否かをどう調べたらよいかわかっていないのに、「10以下の最大の素数」や「4番目の素数」の意味はわかっているなどということは理解しがたい。これらをそれぞれどのような手続きで計算し、見つけ出せばよいのかという手続き、やり方を知っていることが意味を知っていることであり、この両者の意味の違いはその手続きの違い、手順の違いであると考えることはそう不自然ではないだろう。そして、こうした「意味」が与えられていることと「対象」が与えられていることとの違いを示す典型的な事例は、対象がそもそも存在するかどうかが判明していない事例である。

たとえば、「完全数」と呼ばれる性質を持つ自然数がある。これは、自分自身を除く約数をすべて合計したとき、その和が自分自身になるような自然数のことである。たとえば、6の約数は1, 2, 3, 6であり、自分自身である6を除いた1, 2, 3をすべて合計すると和が1＋2＋3＝6になる、つまり自分自身になっているので、6は完全数である。同様に、28の約数は1, 2, 4, 7, 14, 28であり、自分自身である28を除いた1, 2, 4, 7, 14をすべて合計すると和が1＋2＋4＋7＋14＝28になる、つまり自分自身になっているので、28も完全数である。しかし、8の約数は1, 2, 4, 8であり、自分自身である8を除いた1, 2, 4をすべて合計すると和が1＋2＋4＝7になる、つまり自分自身である8にはなっていないので、完全数ではない。

さて、こうした比較的単純な性質によって定義される完全数であるが、じつは現代数学の力をもってしてもまだ様々なことがわかっていない。たとえば、いままでに発見された完全数はすべて偶数であるが、奇数の完全数というものがそもそも存在するのかどうかも判明していない。単にまだ見つかっていないだけなのか、存在しないことが数学的に証明できるのかどうかもわかっていないのである。さて、もし奇数の完全数が存在するとすれば、その中で最小のものというのがあるはずである。そこで、「奇数の完全数であるような最小の自然数」という表現を考えよう。これは、もし奇数の完全数というものが存在すればその中の最小のものというただひとつの対象を名指し、そうでなければ存在しないものを指してしまい、対象が見つからないような表現である。さて、この表現の意味や対象とは何であり、またこうした表現において「志向性」という問題をどのように考えたらよいのか。

ここで、「意味」とは対象の与えられ方、つまり対象を見つけ出す手続きのことだという先程の仮説を採用してみよう（なお、ここでは説明の単純化のため手続きそのものを意味とみなしているが、より正確に言えば本来は手続きの「仕様」ないし「型」を意味とみなすべきである。この点は第四章第四節の終わりに議論する）。このとき、「奇数の完全数であるような最小の自然数」という表現の意味を理解するのはさほど難しいことではない。たとえば我々は、与えられたある自然数が完全数であるか否かを容易に、機械的な計算手続きで、有限ステップで必ず判定できる。つまり、与えられたその数をその数までの自然数ですべて割ってみて、約数であるかどうかを判定することができる（もう少し効率化できるが、それは本質的な問題ではない）。与えられた自然数までのすべての自然数を調べても有限個しかないから、この作業は有限ステップで必ず終わる（人間の手計算では、あるいは与えられた数が巨大すぎればコンピュータでも、時間がかかり過ぎて現実的には終わらないという可能性はあるが、それもここでは本質的な問題ではない）。こうして見つけ出した約数たちをすべて合計し、それが元の数であるかどうかを判定する。これも当然有限ステップの計算で終わる。どんな自然数が与えられてもこうした機械的な計算手続きでもって完全数であるか否かを判定できるのだから、1から順に奇数を片っ端から逐一調べて完全数であるか否かを判定していけば、奇数の完全数が見つかるまでひたすら探し続ける計算プログラムが出来上がる（ただし、このプログラムは停止する保証がないので、狭義の「アルゴリズム」ではない。この手続きは明確に定義された機械的な手続きではあり、半決定可能でもあるが、決定可能ではない。こうした計算論的な概念についてはEnderton, 2020, pp. 95-101を参照）。つまり、完全数判定プログラムに入力の初期値として1を代入し（この場合自分自身以外の約数がないので約数の和は0としておく）、完全数判定が偽となったら入力値に2を加えて再度この完全数判定プログラムに入力する、というループを繰り返せばよい。漏れがないように小さい方から順に調べていけば、この方法で最初に見つかるものが「奇数の完全数であるような最小の自然数」である。もちろん、「完全数」という言葉の意味は一応知ってはいても、「奇数の完全数であるような最小の自然数」という言葉を聞いた瞬間にこうした手続きが明確な形で頭に浮かぶとは限らない。しかし、もし「奇数」、「完全数」、「最小」、「自然数」という言葉の意味を知っていて、「奇数の完全数であるような最小の自然数」という言葉の意味を正しく理解していると言えるのならば、落ち着いてじっくり考えればこうした手続きは導くことができるだろう。逆に、こうした手続きで探せばよいということを理解している人は、それだけで既に「奇数の完全数であるような最小の自然数」という言葉の意味に関してそれ以上教えられるべきことはないだろう。この手続きがわかっていれば既に、その言葉の意味を知っているという点に関して不十分な点は何もない。それゆえ、「奇数の完全数であるような最小の自然数」という表現の「意味」とは、その指示対象を探し出すためのこうした手続き、手順、探索方法に他ならないのではないだろうか。

この考え方に基づいて、必ずしも実在しないような対象について考える際の志向性、無対象表象の問題に光を当てることができる。「対象の与えられ方」という言い方は、対象がまず目の前に存在し、それがどのように与えられているか、たとえば正面から見ているのか、側面から見ているのか、といったことが問題であるかのように思わせがちである。少なくとも、存在しない対象が与えられる仕方、といった概念がいったい何を意味しているのかは理解困難に思われるから、対象がどこかに存在していなければならないように思われる。あるいはまた、「対象を考える仕方」という言い方も同様に、存在する対象が我々の思考のまさに目下の対象となるために、心の中にどんな姿で現れてきているのか、ということが問題であるかのような見かけを誘発する。しかし、我々の仮説のように理解するならば、こうしたことは必要ない。というのも、我々の仮説のもとでは「対象の与えられ方」や「対象を考える仕方」とはあらかじめ与えられた対象がどのような姿で現れてきているかではなく、「これから対象を与えるための方法」を指しているからである。対象が見つかる以前に「対象の与えられ方」に従って我々は対象を探すのであり、その結果対象が見つかることもあれば、結局見つからないということもあるだろう。見つかるか見つからないかは後からわかることであり、それ以前に我々は対象の探し方を知っている。探し方を知らなければ探し始めることもできないからだ。対象を見つけ出す前に、我々はそれがどのように探し出される対象なのか、どのようなものであればそれが探していた当の対象であるのか、そうしたことをあらかじめ知っていなければならない。それが「対象の与えられ方」を知っているということであり、意味を知っているということだ。対象は最終的に見つからないかもしれないし、そもそも存在しないのかもしれない。そうだとしても、我々は対象が見つかる以前から既にある与えられ方を通じて特定の対象について考えているのであり、そのことによって「いったい自分が何の対象について考えているのか」という志向性の方向づけが既に定まっている。この志向性の構造は、最終的に対象が見つかろうが見つかるまいが、それによって変わることはない。先にも引用したテクストであるが、じっさいフッサールはこのことを以下のように明言している。

意識にとっては、表象された対象が実在していようと、でっち上げられたものであろうと、それどころかたとえ背理であるとしても、その所与は本質的に等しいものである。私は「ビスマルク」と同様にジュピターを、「ケルンのドーム」と同様に「バビロンの塔」を、「正千面体」と同様に「正千角形」を表象するのである。(Hua XIX/1, p. 387、『論理学研究3』p. 171)

ここで語られている具体例は、現実の歴史上の政治家であるビスマルクのように実在する対象、ローマ神話の神であるジュピターのように実在しない虚構の対象、正千角形のように、じっさいに紙に描くのは困難ではあるものの数学的には問題なく存在するような対象、正千面体のように数学的に不可能な、つまり矛盾した対象である。我々はビスマルクのように実在が確認できる対象であれ、ジュピターのように発見できない対象であれ、あるいはそもそも正千面体のように発見できないことが数学的に証明できてしまうような対象であれ、まったく関係なくそれについて思考することができる。こうした対象への方向性が志向性として我々の意識に与えられているというそのことにとっては、対象が見つかるかどうかは無関係なのだ。それゆえ、我々の意識に与えられたもの、つまり志向性を成立させる意味のレベルにおいては、これらのどの事例の場合であれ我々が把握しているものは本質的に等しく同じものであって、対象が見つかるか否かによって左右されるものではない。このことをフッサールは以下のようにも言う。

現象学的考察にとっては、対象性それ自身は無に等しい。というのも、それは一般的に言って作用にとって超越的であるからである。どのような意味で、またいかなる権利でその「存在」を語ろうと、あるいはまたその対象性がリアルなものであろうとイデア的なものであろうと、あるいは真実であれ、可能的であれ、不可能であれ無関係に、作用は「それに向けられて」いるのである。（Hua XIX/1, p. 427、『論理学研究3』pp. 211-212）

「対象性」というのは多くの読者にとっては耳慣れない用語だと思うが、これは我々が普通「対象」と呼ぶようないわゆる物体的なものに限らないあらゆるものをフッサールが「対象」として扱うことを強調する際に用いられる用語である（Hua XIX/1, p. 45、『論理学研究2』p. 49）。ここでフッサールが述べているのは、我々自身の思考の内容にとって、つまり作用の志向性にとって本質的なのは意味であって、つまり対象を見つけ出すための手続きであり、その手続きの結果として最終的に見つかるかもしれないような対象そのものではない、ということである。その理由として挙げられているのが、対象は一般的に言って作用にとって超越的だから、つまり当該作用の中で把握されているものを超えているからである。「この車両でいちばん背の高い人」について考えているとき、我々は自分が「この車両の中にいる人物について考えている」ということや、「背の高い人について考えている」といったことは把握しているが、それが誰なのかということは必ずしも把握していないし、またどんな顔の人なのか、どんな服装の人なのかということも把握していない。この当該の人物を探し当てた時、我々はそれまで把握していなかった新しいことを知る。つまり、この当該の人物そのもの、つまりここで志向された対象そのものは、当初の作用の中で把握されているものを超えているのである。同様のことは、他の様々な例についても言うことができる。「あの角を曲がった先の公園」について我々が考えるとき、その公園そのものがどのような姿で現れるかは曲がってみるまでは完全にはわからない。いや、たとえじっさいに曲がって目の前に公園を捉えてさえ、我々の意識に現れる限りのその姿は対象のすべてではない。我々はその全貌を必ずしも捉えていないし、またひとつの方向からの眺めしか捉えていないからである。こうした対象は我々の捉える一面以上のものであり、それゆえそのつどの与えられ方を超えている。また、「奇数の完全数であるような最小の自然数」について我々が考えるとき、それがどのような数なのか、いやそもそもそんなものが存在するのかどうかすら我々にはわからない。存在することがわかっている数についても同様である。たとえば我々が「千番目の素数」について考えることは容易にできるが、大抵の場合それがいくつなのか我々は知らないだろう。それゆえ大抵の場合、対象は作用の中で把握され、我々の意識に与えられているものを超えているのである。序で述べたように、我々の経験する「知」が対象をある一面から捉えたものである限り、対象そのものはそれを常にはみ出していく。そしてそれがリアルなもの、つまり特定の時点に特定の場所に存在するような人物や物体の場合であれ、数学的対象のように非時間的なものすなわちイデア的なものであれ（フッサールはリアルなものとイデア的なものの区別を時間的かどうかによって行う。この論点は次章で「意味」の在り処について考察する際に重要となる）、そしてそれが真に存在する、つまり当該の手続きによって無事発見されるものであれ、あるいは少なくとも発見することが可能ではあるようなものであれ、あるいは数学的に矛盾するなどの理由でそもそも発見不可能なものであれ、それとは関係なく我々はあらかじめ対象を探す手続きを把握し、それゆえそのことによってその対象に「向けられて」いるのである。

第七節　志向性の謎はどのように解かれたのか

ここで我々が辿り着いたものの見方は、油断すると混乱を招きやすいものである。立ち止まって整理しておこう。先に「志向性テーゼ」として述べていたように、我々の作用は必ず「対象」を持つ。すなわち対象への方向性を持つ。しかし、このことは必ずしも「対象が存在する」ということを意味するわけではない。志向性が成立するとき、必ず存在するのは対象ではなく意味である。我々が意味を把握することで、その意味が定める対象への方向性、つまり志向性が成立し、我々はその対象について考えることができるようになる。しかし、そこで定められるのは対象の探し方、探していた対象であると言えるための条件であって、条件を満たす対象がじっさいに存在するかどうかはまだわからない。対象は存在せず、意味だけが残るのかもしれない。ではなぜそれが「対象の」探し方、「対象」への方向性だと言えるのかと言えば、これが「何が対象であるか」の条件だからである。ここを誤解しないようにしていただきたい。意味が定めるのはあくまでも「対象」を探すための手続き、「対象」と言えるための条件であって、対象の心的イメージのような対応物や、あるいは意味のような別のものを探す手続きではない。

非常に混乱しやすい箇所であるので、具体例を使って検討しよう。惑星ヴァルカンという惑星が存在すると考えられていた時代があったのだった。科学者たちは、正しく「惑星ヴァルカンについて考えている」と言える条件を持っていたはずである。つまり彼らは、自分が火星や木星のような他の惑星ではなく惑星ヴァルカンについて考えているのであり、また神話のヴァルカンやヴァルカン半島について考えているのでもないと言えるだけの意味の把握を持っていたはずである。つまり彼らは、水星の近日点移動を説明するためにしかじかの軌道にしかじかの質量を持って観測されるであろう惑星、といった条件を把握していたはずである。ここで、この条件を満たすものが「惑星ヴァルカン」という対象である。科学者たちがこうした条件、手続きを元に惑星ヴァルカンについて考えている限り、この思考の、この作用の「対象」はこの手続きによって見つかるものでなければならない。それゆえ、たとえ惑星ヴァルカンそのもの、惑星の現物が存在しないと判明したとしても、代わりに惑星ヴァルカンの心的イメージのようなものが対象になったりはしない。心的イメージは太陽系の周回軌道など回っていないし、天体級の質量など持っていないし、そもそも惑星ではないからである。そして、「対象」が見つからずとも「意味」は存在する。しかしこの「意味」が見つからない「対象」の代わりに対象に成り代わったりなどということも当然起こらない。というのも、惑星ヴァルカンを探すための手続きや惑星ヴァルカンをそれと特定するための条件は太陽系の周回軌道を回っていたりしないからである。太陽系の周回軌道を回ることができるのは、惑星を探す手続きではなくそれによって見つかる惑星だけである。だから、たとえ惑星ヴァルカンが存在しないとしても、彼らは「惑星ヴァルカンについて考えていた」としか言うことができないのである。彼らは決して他の何ものについても考えていない。彼らは惑星ヴァルカンについて考えていたのであり、確かに「惑星ヴァルカン」という対象への方向性を持っていたのだ。これが志向性テーゼの述べていることである。そして無対象表象テーゼが述べていた通り、この手続きの結果は見つかるとは限らない。これは先の志向性テーゼの解釈と何も矛盾しない。対象であるための条件があらかじめ明確に決まっており、何が対象なのかが定まっているという意味で対象への方向性が成立しているからといって、その条件を満たす候補が現れることまでは保証されていないからである。そして以上の解釈が、志向性テーゼの言う「対象」、つまり志向的対象とは対象の現物そのもののことだという同一性テーゼに合致するものであることも明らかだろう。

数学の例でも考えておこう。「奇数の完全数であるような最小の自然数」について考える数学者を例に取ろう。この対象はそれを探す手続きが明確に定まっているものであり、またその対象であると言える条件もこれ以上なく明確だろう。この計算がどこかで止まったとき、つまり奇数の完全数が発見されてループをそれ以上繰り返さなくてよくなったとき、そのとき見つかるものはまさに「奇数の完全数であるような最小の自然数」の現物そのものでしかあり得ない。先に述べたようなこの計算手続きにおいて、そもそも自然数以外のものが発見される可能性は最初からない。そして、奇数であること、完全数であることを判定しながら探索を進めているのだから、奇数の完全数ではないような自然数がこの手続きで見つかってしまうこともあり得ない。そして、各候補ごとにそれが奇数の完全数であるかどうかを判定する手続きは「決定可能」、つまり有限ステップで必ず正否が判明するようなものだから、下から順に探索している限り見落としはあり得ない。つまりこの手続きでもし何かが見つかるならば、それは正真正銘「奇数の完全数であるような最小の自然数」であるはずなのである。言うまでもなく、この手続きが「奇数の完全数であるような最小の自然数そのものではなく、その心的イメージ」を発見してしまうことはあり得ないし、「奇数の完全数であるような最小の自然数そのものではなく、それを探すための手続き」を発見してしまうこともあり得ない。後者はもちろん最初から与えられているが、この手続き自身は自然数ではないので、この手続き自身によって発見されることは決してないからである。それゆえ、心的イメージや意味、あるいは他のどんなものであれ、対象の現物そのものではないようないかなる対応物、類似物、代理物もこの手続きの探索先の「対象」に成り代わることはできない。現に奇数であり、現に完全数であり、そしてそうしたもののうちで現に最小であるような、正真正銘「奇数の完全数であるような最小の自然数」そのものしか対象にはなれないのである。

以上のことは大いに誤解されやすいので、ダメ押しでひとつの先行研究の誤解を紹介し、読者に注意を促しておきたい。先に触れたデヴィッド・ベルという研究者は、志向性は必ず対象を持つのだから、意味を持てば必ず志向的対象があるはずであり、それゆえ志向的対象は場合によって存在したりしなかったりする現実の対象とは別のものでなければならない、という解釈を採っている。じつはベルは、フレーゲとフッサールの意味の理論をそれぞれ八つのテーゼにまとめ、その対比によって双方の違いを浮き彫りにするという戦略を採っている。しかし、その多くは誤解に基づくものとしか考えられない。

たとえば、ベルはフレーゲのテーゼＦ１として

Ｆ１）表現は、たとえ意味（Bedeutung）を欠いたとしても意義（Sinn）を持つだろう。（Bell, 1990, p. 130）

と述べ、これとフッサールのテーゼH1

H1）表現は、もし対象を欠くならば意味を持たないだろう。（Bell, 1990, p. 131）

と対比している。フッサール側のテーゼH1での「意味」は英語で sense と記されているが、フッサールは Bedeutung と Sinn をどちらもフレーゲの Sinn に対応する意味で用いるので、これまで議論してきた「意味」、すなわちフレーゲで言えば「意義」に当たるものだと解釈してよいだろう。つまり、ここでベルは、フレーゲの理論では表現の意義すなわち手続きはその結果である指示対象がなくとも存在するが、フッサールの理論では指示対象が欠けていると意味すなわち手続きの方まで失われてしまうと述べていることになる。ベルがその根拠として語るのは、以下の事実である。

フッサールの意味の説明においては、彼自身が語るように、表現が意味を持つということはその表現が対象へ向かう方向性を持つということである（『論理学研究』第一研究、第十五節）。（Bell, 1990, p. 131）

確かにベルの参照するフッサールはこの箇所でそう言っている。しかし、ここでフッサールが述べているのは「意味を持つ」ことと「対象へ向かう方向性を持つ」ことが同じであるということであって、「意味を持つ」ことと「対象を持つ」ことが同じであるということではない。先に確認したように、意味は対象を探す手続きであるから、対象への方向性そのものと言ってよい。したがって前者の同一視は理解できる。しかし、意味と対象は同じではない。対象への方向性が成立するからといって、その結果として対象が見つからない、つまり対象を欠くことは十分あり得るのである。この点で、フレーゲとフッサールは何も異なったことは言っていない。ベルはこのことを大いに誤解していると言わざるを得ない。なぜそうなるのかと言えば、ベルは無対象表象の問題を踏まえて、志向性を心と対象との二項関係ではなく、対象の側が不在でも意味を成すような心の側の在り方として捉えている。志向性は対象が不在でも把握可能な手続きの側で成立するという意味では、この理解は正しい。しかしここでベルはなぜか、対象までそのような心の側のものだというふうに混同してしまう。志向性は確かに意味において、すなわち手続きにおいて成立するが、対象は手続きではない。対象は手続きによって与えられるものである。ベルはここを取り違えてしまっているのである。

そのために、ベルは志向的対象が現実の対象そのものだというフッサールの主張を理解不能だと考え、両者が同一のはずはないと主張する。つまり、フレーゲの理論では

F4）固有名の意味（Bedeutung）はその名前の担い手であるところの対象である。（Bell, 1990, p.

130）

のに対して、フッサールの理論では

> Ｈ４）固有名が向けられている志向的対象は、その名前の現実の担い手ではない。（Bell, 1990, p. 133）

と主張する。だが我々が確認したように、真相はまったく反対なのである。意味が定める志向的対象について我々は考えているのだから、現にじっさいにその条件を満たすようなその現実の担い手以外のいかなるものも志向的対象ではあり得ない。

じっさい、このことをフッサールは明言してもいた。以下の二ヶ所はいずれも既に引いたテクストだが、再度確認しておこう。まずそもそも、「志向的対象」という概念を導入するまさにその箇所でフッサールは以下のように言っていた。

> 志向的内容の第一の概念については、長々とした準備は必要ない。それは志向的対象に該当し、たとえば我々がある家を表象しているならば、まさにこの家のことである。（Hua XIX/1, p. 414、『論理学研究３』p. 198）

家を表象するならばまさにその家が志向的対象だと言っているのだから、ここに誤解の余地はないだろう。さらに、ベルのようにこの同一性を拒否する誤解に対してフッサールは以下のように明確に予防線を張ってもいた（説明の便宜上、第二版を用いる）。

一方の「単に内在的」もしくは「志向的」諸対象と、他方の、場合によってはそれらに対応する「現実的」かつ「超越的」対象とのあいだに、そもそも何らかの実的区別を行うならば、それは重大な誤謬である。（Hua XIX/1, pp. 438-439、『論理学研究３』p. 224）

「実的」というのは通常は「部分」関係について語られる語であり、ここでの使い方はそれとはやや異なっているが、いずれにせよこれは「志向的」という概念と対で用いられ、ここでは「実的区別」ということでじっさいに対象として異なるものであるというような区別をすることを指している。つまり、単に志向的にのみ区別される、すなわち物としては同じ対象なのだが「明けの明星」として考えるか「宵の明星」として考えるかで区別されるというようなことではなく、実的に、つまりじっさいに物としてふたつの物があるのだ、というような区別を実的区別と呼んでいるわけだ。そして、じっさいの「現実的」対象が作用からは「超越的」な対象でもあることは既に確認した。それゆえここでは、志向的対象と現実の対象を異なるふたつの対象として区別するのは誤りであると明言されているのである。それゆえ、ベルの解釈に反して、以上のような点に関するフレーゲとフッサールの意味の理論はむしろ同じことを述べているものとして理解しなければならない。

以上、意味と対象との関係を手続きとその結果になぞらえて理解することができた。しかし、フレーゲはともかくフッサールの現象学に「計算手続き」のような話は語られていないのではないか、これは事柄としては説得力があっても、フッサール解釈としては不適切なモデルなのではないか、と疑念を抱く読者もいるかもしれない。すぐ後に述べるようにそれは単に誤解なのだが、よりフッサールの用語法に即して事柄を正確に理解するために、ここで「直観」と「充実化」という概念を導入しておこう。

「本書の表紙は白い」という主張を私がここでしたとしよう。読者の皆さんは、本書を閉じて表紙を見ることによってこの主張の真偽を確かめることができる。このとき、本を閉じる前から、つまりこのページを見ている時点でも、皆さんはこの主張が「本書の表紙」についてのものであることを理解できる。つまり皆さんは「本書の表紙」について考えることができ、その作用の志向的対象は本書の表紙である。なぜ表紙ではないこのページを読みながら表紙について考えることができるのかと言えば、それは「本書の表紙」という対象が、いま読んでいるこの本を閉じてこの本を読み始めた方の表側の面を見れば目の当たりにできるような対象である、という探し方によって特定されているからである。しかし、対象を見つけるためのこうした手続き、すなわち意味によって皆さんが本書の表紙について考え始めたとしても、それだけではまだ本書の表紙は直接目の当たりにはされていない。ここで、誤解のないように繰り返しておこう。表紙を目の当たりにする以前から、皆さんの思考は「本書の表紙についてのもの」である。皆さんはこのページを読みながらにして本書の表紙そのものについて考えているのであり、このページについて考えているのでもなければ、皆さんの心に浮かんだ表紙のイメージについて考えているのでもない。前者であれば先の主張の真偽は本を閉じずにこのページを見れば決着するのだし、後者であればこの本の表紙そのものを見る必要はなく、皆さんは自身の心の中を振り返ることによって先の主張の真偽を知る。つまり、先の主張「本書の表紙は白い」はこの本を閉じてじっさいに表紙を見ることによって真偽に決着がつくようなものであることを皆さんが理解している限り、意味論的値である対象は本書の表紙の現物そのものであり、それは本書の表紙というものに辿り着くにはどうしたらよいかという探し方の手続きを皆さんが把握していることによって担保されているのである。だから、このページを読みながら「本書の表紙は白い」という文を理解し、その真偽を考えている際の皆さんの思考作用の「対象への関係」は、最初から本書の表紙という対象そのものへの関係である。しかし、そのことはこの対象が「直接に」与えられていることは含意しない。表紙の色を覚えている読者ももちろん多いだろうが、皆さんの中には「どうだったかな」と自信のない方もいるかもしれない。そうしたことがありうるのは、このページを読みながら「本書の表紙は白い」という文を理解しただけでは、まだ「本書の表紙」そのものの現物がそれ自体で直接皆さんの前に与えられたわけではないからである。その対象はむしろ、しかじかの手続きを実行するならばそのときには目の当たりにすることができるようなもの、しかしその手続きを（それがどのような手続きであるかは把握してはいるものの）いまだ実行してはいないために、いまだ目の当たりにはしていないものとして、間接的に与えられている。この、志向性は対象の代理物などではなく最初から対象そのものに関係しているが、しかしその関係は間接的でありうる、という事情を正確に理解していただきたい。こうした間接的な志向性の関係を、フッサールは「志向」とか「空虚志向」と呼ぶ。この「空虚」というのは対象に向かっていないとか対象が存在しないということではなく、対象がまだ直接的には目の前に与えられていない、という意味である（ただし、対象が本当に存在しない場合ももちろんありうる）。そして、手続きを実行すれば与えられるようなものとして対象への関係が成立しているのだから、手続きの実行によって当初の「空虚志向」が関係していたのと同じ当の対象がより「直接的」に与えられる。つまり、空虚な仕方で間接的に関係していたその対象が、ありありとじっさいに目の前に与えられるわけである。フッサールは、対象をこうした「直接的」な仕方で与える作用を「直観」と呼び、直観において空虚志向がより直接的な仕方で確証されることを「充実化」と呼ぶ。先の例で言えば、このページを読みながら「本書の表紙は白い」という文を理解しただけではまだ「本書の表紙」への志向性は空虚志向であり、表紙そのものの現物がそれ自体で直接皆さんの前に与えられたわけではないわけだが、しかしじっさいに本を閉じ、じっさいに表紙に目を向けてそれを直に見てみる、ということをすれば、そのときその知覚作用において「本書の表紙」という対象それ自体が直接に与えられているわけである。こうした意味で、このときこの知覚作用は「直観」と呼ばれ、これによって「本書の表紙は白い」という空虚にしか志向されていなかった判断が「充実化」され、それが真だと確証されるわけである。真理値を求めるために必要な意味論的値である対象に辿り着き、対象が直観に与えられることによって、空虚志向の段階では真偽不明だった、少なくとも確証されてはいなかった主張や判断が真だと確証されたり、あるいは偽だと反証されたりする。フッサールは前者を「充実化」と呼び、後者を「幻滅」と呼ぶが、そもそも空虚志向を直観にもたらし、対象それ自体に辿り着く過程も一般に「充実化」と呼ぶ。つまり、単に空虚志向において考えられていた「本書の表紙」という対象が直接に知覚されること、この過程自体も「充実化」と呼ばれ、それによって「本書の表紙は白い」という判断が真だと確証されることも「充実化」と呼ばれる。そして「本書の表紙は赤い」といった判断が反証され、偽だと確証されることを「幻滅」と呼ぶわけだ。

さて、対象が物体の場合には、対象を直接に我々に与えてくれるのはもちろん知覚である。では、数学的対象の場合はどうだろうか。この点についてフッサールが語っているのが以下の箇所である。

> 定義の連鎖において進展するあらゆる数学的概念形成は、各分肢から分肢へと意味的な志向から組み上げられた充実化の連鎖の可能性を我々に示している。我々は$(5^3)^4$という概念を、「$5^3 \cdot 5^3 \cdot 5^3 \cdot 5^3$という積を形成するならば生じるところの数」という定義的表象に遡ることによって明晰化にする。我々はこの後者の表象をさらに明晰化しようとするならば、5^3の意味に遡らなければならず、それゆえ5・5・5という形成に遡らなければならない。〔中略〕かくし

て我々は最終的に、完全に展開された1の和に到達するのであり、それについては、まさにこれが$(5^3)^4$という数「それ自身」であると言えるのである。(Hua XIX/2, p. 601、『論理学研究4』pp. 88-89)

ここでフッサールは、「$(5^3)^4$」という表象を四乗の定義に戻って、それは要するに5^3を四回掛けたもの、すなわち「$5^3 \cdot 5^3 \cdot 5^3 \cdot 5^3$という積」だと展開し、そしてさらに「$5^3$」を三乗の定義に戻って「5・5・5という積」だというように展開していくことを「充実化の連鎖」と呼んでいる。つまり、フッサールは知覚に限らず対象の直接的な与えられ方に向けて手続きの間接性をステップを踏んで実行していくことを一般的な仕方で考えているのであり、数学的な計算の手続きの実行も当然それに含まれる。フッサールが充実化や直観という概念に込めているのは何よりもまず対象を間接的に与えているに過ぎない手続きをじっさいに実行して直接に対象を与えるという機能である。ここには、それが感覚的な知覚に限られるという意味合いは入っていないのである。本書を閉じてじっさいに表紙を目の当たりにすることが充実化であるのと同様に、ある数学的表現が指しているのがじっさいにどのような数であるのかを計算して求めることも充実化である。そしてまた、表紙を知覚することによって「本書の表紙は白い」という判断を真だと確証することもまた充実化と呼ばれていたように、計算や論証によってある数学的命題が真だということを証明することもまた充実化と呼んでよいだろう。そして、手続きが定まっていても直接的な与えられ方に最終的に辿り着けず、充実化が起こらない、あるいは場合によっては充実化が不可能であることが示されて幻滅が起こることもある。こうした場合には、対象を志向し、対象を表象していたにもかかわらず、その対象は存在しないのである。これが、フッサールの辿り着いた志向性という現象の真相である。

なお、フッサールの「直観」という概念には、いささか注意を要する点もある。この概念は基本的にはいま述べたように「対象を間接的に与える空虚志向の手続き」との対比で、「対象を直接に与える機能」として考えられ、またそれによって判断の真偽の決着をつけるような、確証と反証の機能を持つ。しかしながら同時にこの概念は、その対象がどのようなものであるのかをありありと描き出すという役割も担わされている。「正十二面体」と聞いただけでは、言葉の上だけではそれがどんな対象であるか即座にわからなくとも、じっさいに図に描いて、あるいは模型をつくって見せれば、我々は「ああこれがその対象か」とそのありようをありありと見てとることができる。知覚にはこうした、それがどのようなものであるかの理解を明晰にするという機能もある。そして、この機能は知覚には限られない。数学の場合には、正十二面体をじっさいに描いたり組み立てたりする必要は必ずしもなく、想像の中でそれを描き出してもいいからである。それゆえに、フッサールはしばしば知覚と想像を並べて「直観」として扱う。しかし、対象それ自体を直接に与え、確証と反証の機能を持つという観点から言えば、想像は大抵の場合知覚と同じ機能は果たさないことに注意する必要がある。「彼が犯人だ」と断定する際に、「なぜなら想像したら犯行現場が思い浮かんだからだ」というのは根拠にならないだろう。こうした判断を確証するには、想像ではなく知覚によって、じっさいに確かに見た、という根拠によるのでなければならない。想像は確証の手助けにはなりうるかもしれないが、それだけで直接に対象を与え、確証そのものをもたらすものではない。実家の母親の健康を心配している人は、「本人自身に直接会ったけど、元気だった」と知覚を根拠に確証を得ることはできるが、「本人自身を直接想像したけど、元気だった」と想像を根拠に確証するのは意味不明である。このため、一口に「直観」と言っても、数学の場合やその対象が一般に「どのようなものであるか」という本質が問題になっている場合と、物体などのリアルな対象の現実世界におけるじっさいのありようが問題になっている場合では区別が必要なのである。前者の場合は知覚と想像は同じような役割を果たすが、後者の場合に知覚が持っている直接性と確証の機能は想像ではまったく代わることができない。フッサールが直観の話をしているときには、どちらの文脈なのかを考慮しなければポイントを取り逃がしてしまう。

なお、フッサールが直観について用いる「原的」・「有体的」という言葉にも同様の注意が必要である。フッサールは、対象の単なる記号や像ではなく、対象自身が我々の前に現れてきている時にそれを「原的」な与えられ方であると言う。これはドイツ語では originär であり、代理や模造品でなく、オリジナルな対象の現物が、自分自身が与えられているという意味である。ただし、先に確認した通り、記号や像を通じて対象について考えている場合でも、記号や像についてでなくその表す対象について考えている限り、志向的対象は初めからその対象そのものである点には注意が必要である。また、「有体的」はドイツ語では leibhaftig であり、Leib は「身体」を意味する。つまり、この語は対象が自分自身の身体を持って、生身でその場に現れていることを表している。そのためこの語は「ありありと」などと訳されることもあるが、これらの概念の本質が「直接性」にあることはよく注意していただきたい。知覚は多くの場合想像よりも生き生きと精彩に富み、ありありとした実感を伴っていることが多いが、常にそうとは限らない。目が霞んでいたり暗がりだったりして知覚が精彩を欠いていることもあるし、想像があまりにも鮮やかで、知覚以上の生気を放っている例もないではない。しかし、たとえそうだとしても、どんなにぼんやりしていたとしてもそれが知覚だとわかっている限り我々はそこに「対象自身」が「直接に」現れているものとして理解するし、どんなに鮮やかな想像であってもそれが想像である限りそこに「対象自身」がいるわけではないことを我々は理解している。原的であるか、有体的であるかというのはこうした意味的な構造のレベルでの直接性の話であり、感覚の鮮やかさや明瞭さ、刺激の強さの問題ではないのである。

第四章

意味と作用

——意味は心の中にあるのか

第一節　ハンプティダンプティ理論という嫌疑

前章で、一見した印象に反してフッサールの志向性理論というのはかなりの程度フレーゲ以降の論理学・言語哲学における意味の理論と同様の議論をしていることを確認した。しかしここで、フッサールは「心的作用」の意味と対象を論じているのだから、「言語表現」の意味と対象を論じるフレーゲ的な意味の理論とは異なるのでは、と思っている読者もいるかもしれない。もちろんそうした面もないではないが、しかしそこには多分に誤解も含まれている。

まず第一に、フッサールが『論理学研究』で志向性理論を展開するにあたり、その第一研究で意味と対象を論じたのは「言語表現について」である。確かにその際、フッサールは言語表現と意味を結びつける「意味付与作用」という概念を用いて言語表現の意味と対象を語る。しかし、意味付与作用によって与えられるのは「言語表現の」意味と対象であって、この点でフレーゲとフッサールに異なるところはない。そして、意義（Sinn）を心的表象として理解することを断固として拒否するフレーゲと同様に、フッサールもまた意味をリアルな心的作用を超えたイデア的なものだと考えている。つまり、この点でもフレーゲとフッサールは同じことを述べているのである。

しかし、ではなぜフッサールは言語表現の意味と対象について論じるのに、フレーゲが徹底して拒否した心的作用に言及しなければならなかったのだろうか。この点が明らかにならなければ、フレーゲが客観的で公共的に共有可能だと考えていた意義（Sinn）の概念の代わりに、主観的で個人の内面にのみ見出されるような心的表象をフッサールが意味と考えていたという疑惑が拭い切れない。フッサールはなぜ意味付与作用という心的な作用をベースに意味について考えようとしたのか。

じっさいダメットは、フッサールが意味に関する「ハンプティダンプティ理論」を採っているのではないかと論難している。

『論理学研究』のフッサールはもちろん、意義（Sinn）が我々によって創り出されるとか、あるいはその実在を我々によって把握されることに負っているということを否定する点において、フレーゲに同意していた。しかしこのことは、我々がフレーゲとの関係において既に言及してきたように、ある特定の表現に特定の意義（Sinn）が結びつけられるのはいかにしてか、ということを説明されないままにしている。この問題についてのハンプティダンプティのような見解を主張しているという嫌疑からフッサールを放免することは困難である。その見解とは、すなわち発話が、それが担うところの意味を帯びるのは、この発話に意味を付与する内的作用のおかげなのだというものである。（ダメット 1998, p. 60）

まず、ダメットが指摘している通り、フッサールは意味（すなわちフレーゲの言う「意義（Sinn）」）がそれ自体心的表象であるとも、それゆえ我々の心の働きによって生み出されるものであるとも言っていない。むしろフッサールは、意味はイデア的なものであり、心の中ではなく別の領域に、永遠不変なものとして無時間的に存在すると考えている（なぜそんなことが言えるのか、ということについてはのちに述べる）。しかしながら、ならばなぜフッサールは言語表現の意味を語る際に心的作用について語るのだろうか。ダメットはそれを、フッサールのハンプティダンプティ的見解に求めようとしている。ハンプティダンプティ的な見解、意味についてのハンプティダンプティ理論とは、言語表現の意味は我々がそれを表現に結びつけようと心の中で考えることによってその表現に結びつくのだ、というものである。つまり、心の中で意味と表現を結びつけることによって、我々は任意の意味を任意の言語表現に自由に結びつけることができる、というわけだ。この名称は、『鏡の国のアリス』の登場人物ハンプティダンプティの以下のようなセリフに由来している。

「わしがひとつの言葉を使うときにはだな」いかにもあざ笑う口調で、ハンプティ・ダンプティはいった。「わしがその言葉に意味させようとするものを意味する――それ以下でも以上でもない」（キャロル 1988, pp. 121-122）

ハンプティダンプティはこの理論に基づいて自分は「名誉」という言葉で「どうだ、まいった理屈だろ」を意味させていると語る。この文脈ではハンプティダンプティは「誕生日プレゼントの方が非誕生日プレゼントよりも好きだ」と主張するアリスに対し、「年に一日しかもらえない誕生日プレゼントよりも年に三六四日もらえる機会のある非誕生日プレゼントの方がよい」という論拠を提示し、それを「アリスにとって名誉だ」と主張している。そのため、ここでは「アリスにとっての名誉」という表現で「アリスにとって言い逃れのできない決定的な反論だ」ということ、すなわち「どうだ、まいった理屈だろ」ということを意味させようとしていると解釈できる。つまり、「アリスにとって名誉だ」という通常ならアリスに分があることを認めるような言語表現でもって、アリスの敗北を意味させることができると彼は主張しているのだ。そして至極まっとうなことに、アリスから「わからないのはあなたが異なった多様なことを語に意味させることができるかどうかだわ」と疑問を抱かれている。つまり、ハンプティダンプティは自分が任意の語に任意の意味を好きなように結びつけることができると考えており、そうしてある語にある意味を意味させようと心の中で意図しただけで、それだけで語にその意味を自由に意味させることができると主張している。したとえば、就職活動中に採用面接の場で「私は運転免許を持っています」と発言したとしよう。しかしじつはこの応募者は運転免許を持っておらず、虚偽申告で内定取消になりかけているとする。このとき、「いや、私はウソをついたわけではありません。あのとき私は「運転免許」という言葉で「帰りの電車賃」を意味していただけなのです。私の意味していたことは真であり、虚偽の申告はしていないのです」という弁明を応募者がしたとして、そして本当に面接中の応募者は「帰りの電車賃」を意味させようと思っていたとして、それによってこの弁明は通るだろうか。企業側は当然、「「運転免許」という言葉にそのような意味はない」として応募者の弁明を却下するだろう。つまり、言葉の意味というものは話し手が勝手に心の中だけで言葉に結びつけられるようなものではない。それぞれがそれぞれの心の中で好き勝手な意味を結びつけてしまったのでは、我々の円滑なコミュニケーションは破壊されてしまう。それゆえハンプティダンプティ理論というのはもちろん、真剣な検討には値しないようなおかしな理論なのである。

しかし、フッサールの「意味付与作用」という用語は、確かにこうしたハンプティダンプティ的な見解を連想させる。つまり、あらかじめ決まった意味を持っているわけではない無意味な記号に、我々が心の中で密かに意味を「付与」し、授けてやることによって初めて言葉が意味を持つ、というわけである。じっさいフッサールは、意味付与作用に関連してしばしば beseelen という動詞を用いる。Seele は心や魂を意味する名詞であり、それゆえこの動詞は文字通り「魂を吹き込む」、「活気を与える」、「生気を与える」といった意味がある。とすれば、それだけでは意味を欠いた無味乾燥な死んだ記号に、我々が心の中で意味を結びつけ、「魂を吹き込む」ことによって生きた言語表現として命を与えてやる、という図式をこの言葉は想像させる。言語の公共的な使用によって意味を考えようとするダメットにとって、フッサールのこうした用語法は警戒感を抱かせるに十分だっただろう。さらにフッサールは、まさにこの意味付与作用の概念を詳述する中で、孤独な心的生活、つまり表に出されない内面だけの精神活動においても言葉は意味を持つということを強調する。心の中だけで密かに言葉に勝手な意味を与え、自由に様々なことを意味させるというハンプティダンプティ理論の嫌疑をフッサールは晴らせない、とダメットが考えたのも理由のないことではない。

確かに、フッサールは言葉の意味が何によって定まるのかを詳しく述べてはいない。しかし、フッサールの意味付与作用という概念そのものについて言えば、この概念にハンプティダンプティ理論の含意を読み込む必要はまったくない。フッサールは確かに言葉と意味を結びつける心的作用について語るが、我々が恣意的に勝手な意味を好き放題に結びつけられるとは一言も述べていない。フッサールの理論でも言語の意味は客観的・公共的なものでありうる。ではなぜフッサールは言葉の意味を語るにあたって、「意味付与作用」などという心的作用に言及しているのだろうか。その答えは、フッサールを論難するダメット自身の議論の中にある。

第二節　素質としての把握と出来事としての把握

ダメットは、意味(フレーゲの用語で言う「意義(Sinn)」)の「把握」という概念を二種類に区別する必要があると言う。それは、素質としての(dispositional)把握と出来事としての(occurrent)把握の区別である(Dummett, 1991a, pp. 273-274)。「素質としての」と訳した dispositional は哲学では通常「傾向性的な」あるいは「傾性的な」と訳される語であり、『分析哲学の起源』の邦訳では「潜在的な」と訳されている。あらかじめ予告しておけば、これはいまじっさいに顕在化しているかどうかはともかく、潜在的な素質として、能力として意味を知っているかどうかという仕方での把握である。「素質」という日本語には「生まれつき」というニュアンスもあるが、ここでは単に能力として備わっているという意味合いで用いており、訓練によって獲得された能力でも構わない。語の意味を生まれつき知っているということはありそうにないから、むしろここではすべて後天的な能力であると言ってもよいだろう。他方、「出来事としての」と訳した occurrent は同書邦訳では「顕在的な」と訳されており、潜在的な能力の有無ではなく、それがまさにいまこの時点で顕在化しているか、その把握という出来事が現にいま「起きている、生じている（occur）」かどうかという仕方での把握である（なお、この対の背景として、ギルバート・ライル『心の概念』第五章がまさに「傾向性（dispositions）と出来事（occurences）」を論じていたことを指摘しておく）。ダメットはこれらの対を、まずは語の意味の把握と文の意味の把握という対に対応する形で説明する。

たとえば私がいまここで「次の夏休みにはフッサールの志向性理論に関する論文を書いて毎週火曜日と木曜日にランニングをし、ランニングをしない曜日は英語とドイツ語の勉強をして可能であれば数学とコーヒーの淹れ方も勉強する」と述べたとしよう。おそらくほとんどの読者はこれまでの人生でこれとまったく同じ文を目にしたことはないだろう。おそらく私自身こんな文は初めて書いたと記憶している。つまり読者の皆さんは、「次の夏休みにはフッサールの志向性理論に関する論文を書いて毎週火曜日と木曜日にランニングをし、ランニングをしない曜日は英語とドイツ語の勉強をして可能であれば数学とコーヒーの淹れ方も勉強する」という文の意味内容、フレーゲ的にいえば意義（Sinn）を初めて把握したわけである。他方、この文の中におそらく皆さんが初めて目にした単語はないはずである。比較的耳慣れないとすれば「フッサール」と「志向性理論」だが、本書をここまで読んでくださった読者の方々であれば、これらの語の意味ももちろんご存じだろう。それゆえ、この文を読む前から皆さんはこの文に含まれる個々の単語の意味は知っており、それが使われればすぐさま理解できるわけである。このことを、皆さんはこれらの語の意味を以前から「把握していた」と述べてもそう不自然ではないだろう。つまり、皆さんはこれらの語の意味を以前からずっと「把握して」おり、その能力を使ってこのいま初めて見た文の意味も「把握する」ことができたわけである。そこでダメットは言う。

ここで我々にとってまったく新しい思想を表現している文を理解しうるという我々の能力が、その文を構成する諸部分の意義（Sinn）についての現存する我々の把握というものによって説明されている。そしてこの後者の把握というのは、明らかに素質としての把握である。しかしまた他方で、ある与えられた思想を地球の住人がまさに初めて把握する時点についてフレーゲが語るときには、おそらく出来事としての意味における思想の把握についてフレーゲは語っているのである。（ダメット 1998, pp. 155-156）

ここで「諸部分」と言われているのは文を構成する個々の単語のことと理解してよい。なお、これまでの引用においてもしばしば登場していたが、哲学の翻訳ではしばしば複数形を表すのに「諸○○」という訳し方をするので、哲学書を読む場合は覚えておくとよい。「思想」と言われているのはフレーゲの用語で、文の「意義（Sinn）」のことを特に「思想（Gedanke）」と呼ぶ。つまりここでは、いま現在我々が把握している現存する能力・素質としての語の意味の把握に基づいて、いまだ見たこともないようなまったく新たな文に出会っても我々はその意味をそのとき把握する、という将来の出来事が語られているわけである。このように、ダメットはまず語と文との対比に重ねながら、素質としての把握と出来事としての把握の区別を導入する。

しかしながら、この二種類の把握の概念は文と語の区別にそのまま対応するというわけではない。というのもダメットは、語にも出来事としての把握を考える必要があると述べるからである。

> 同様に、語の意義（Sinn）の把握についての出来事としての見方もまた、なしで済ますわけにはいかない。というのも、ある特定の語がふたつの異なった意義（Sinn）を持つという事実にあなたが十分馴染んでいて、にもかかわらず誰かがこの語を含む文を発した際にそれらの意義（Sinn）の（もしかしたら誤った）一方のみにおいてその語を解してしまうかもしれないからである。（ダメット 1998, p. 167）

それゆえ、説明の便宜上この二種類の把握は語と文との対比に合わせて導入されるものの、本来はそれとは独立に考えられるべきものである。つまり、語の意味の把握にも素質としての把握と出来事としての把握があり、文の意味についても同様に双方の把握を考えることができる。では、語の意味の出来事としての把握とは何だろうか。ダメットはふたつの異なる意味を持つ言葉、すなわち多義語を例に挙げている。たとえば、日本語では同じ漢字表記を持ちながら読み方によって意味の異なる語が多く存在する。料理のレシピ本を読んでいて、「十分漬け込む」と書いてあった場合、我々は「じゅうぶんに漬け込む」こととしても解釈できるし、「じゅっぷんかん漬け込む」こととしても解釈できる。料理に不慣れな人間ならば、じっさいにどちらの意味なのか迷ったり、誤って解釈してしまうこともあるだろう。あるいは、日本語のカタカナ表記ではラム肉の「ラム」と洋酒の「ラム」が区別できないが、これも単にカタカナで「ラム」とだけ書かれれば二種類の解釈がありうるわけである。英語では綴りが違い、またLとRの発音ははっきり異なるため発音でも区別できるが、標準的な日本語話者の発音では明瞭に区別されないのが普通だろう。じっさい、筆者はカウンターで顔馴染みのダイニングバーの店主に「今日はラムを仕入れた」と言われてどちらなのか迷った経験がある。あるいは、「天ぷら」という言葉は関東では衣で揚げた野菜や海鮮を指すが、関西などでは関東で言うさつま揚げを指すことが一般的である。多くの場合文脈や付加語によって特定される（「えび天」と言えばふつうは前者、「じゃこ天」と言えばふつうは後者だろう）ため解釈に迷うことはそれほど多くはないかもしれないが、「うどんにごぼう天ぷらをのせる」と言われれば地域や家庭によって異なるものを指している可能性がじっさいにあるだろう。我々はこうした場合、文脈や様々な要素を考慮して、あるいはその一部を考慮し忘れて、多義的な語の一方のみの意味で当該の表現を解釈する。その場合、誤った方の意味で解釈してしまうこともあるだろう。たとえそれが多義語（や同音異義語、同表記語）であり、その事実とその双方の意味を知っていたとしても、つまり素質としては双方の意味を把握していたとしても、我々はそのうちの一方の意味を選んでじっさいにその場面で言われていることを「把握する」わけである。そうであれば、この後者の「把握」は素質・能力としての把握とは異なるものであるはずである。それはある特定の時点で「いま、今回はどの意味で解釈するか」という出来事として生じる把握であり、それゆえこれをダメットは「語の意味の出来事としての把握」として捉えているのである。具体例で確認すればつまりこういうことになる。私は、友人たちとパーティの準備をしている際に「ラムを買ってきて」と言われて、反射的に「ラム肉を買ってくればよいのか」と解釈し、本当は指示した人はラム酒が欲しかったのに、誤ってラム肉を買ってきてしまうことが十分にありうる。もちろん私は「ラム」がどちらも指しうることを十分に知っているし、ラム肉もラム酒もどちらもどのようなものかよく知っている。つまり素質としての把握という意味では、私はどちらの意味も把握しているわけである。しかし、今回買い物を頼まれた際、私は咄嗟にラム肉の方の意味で解釈してしまった。つまり出来事としての把握という意味では、私は「ラム」をラム肉の意味で把握したわけである。このように、同じ「語」のレベルにおいても、我々は素質としての把握と出来事としての把握を区別することができる。

さて、フッサールの議論に戻ろう。フッサールは言葉と意味との結びつきを「意味付与作用」によって語っていたのだった。そしてもちろんフッサールが「作用」という用語を用いる場合にはそれは「心的作用」のことである。とすれば、文字通りにはこの概念が「言葉に意味を与える心の働き」であるのは確かではないだろうか。これがハンプティダンプティ理論ではないとなぜ言えるのだろうか。

この点を正しく理解するには、フッサールの「作用」概念を正しく理解しなければならない。「作用」というと、働きや活動、動作といったイメージを喚起しがちであることはフッサールも認めている。その上でフッサールは、自分の「作用」概念にそうした含意を読み込んではならないと注意している。

他方、「作用」という言い方については、もちろんここではもはや actus の根源的語義を考えてはならず、活動(Betätigung)という考えは完全に排除しておかねばならない。(Hua XIX/1, p. 393、『論理学研究3』p. 177)

心的作用という言い方を意識の活動または自我の活動として真に受けることに対して、「意識にはしばしば、または常に努力が伴っているというだけの理由で、意識は行為（Tun）と思われ、意識の主体は行為者と思われている」という異論をナトルプ（『心理学序論』第一版 p. 21）が述べるとき、我々は彼に完全に賛成する。「活動性の神話」を我々もまた拒絶し、そして心的活動としてではなく、志向的体験として「作用」を定義する。（Hua XIX/1, p. 393、『論理学研究3』p. 177）

このように、フッサールは「活動」や意図的な「行為」という含意を排除して、「作用」概念を「志向的体験」だと定義する。「志向的」という形容の含意は、要するに志向性を持つということであり、様々な心的作用が志向性を持つことは我々がこれまで確認してきた通りである。では、「体験」とはなんだろうか。フッサールは以下のように言う。

この後者の「体験」および「内容」という名称のもとで現代の心理学者が考えているのは、一瞬一瞬刻々と変動しながら様々に結合し浸透し合ってそれぞれの心的個体の実的な意識統一を形成するリアルな出来事（ヴントは正当にもこれを生起（Ereignisse）と呼んでいる）のことである。（Hua XIX/1, p. 357、『論理学研究3』pp. 143-144）

まず、「実的」という概念について説明しておこう。この語は、フッサールの「部分」概念、あるいは「内容」概念に関連して現れる。フッサールは、「部分」という概念について以下のように説明する。

我々は「部分」という概念を、対象の「うちで」区別可能なありとあらゆるもの、あるいは客観的に言えば、対象のうちに「現にある（vorhanden）」ありとあらゆるものを部分と呼ぶことを許すような最も広い意味において理解する。部分とは、対象が、しかもそれ自体で、それゆえそれが織り込まれているすべての関連を捨象してもリアルな意味で「持っている」すべてのものである。（Hua XIX/1, p. 231、『論理学研究３』pp. 12-13）

『論理学研究』第二版ではこの「リアルな」という語に、「より適切にいえば、実的な意味で、すなわち対象を現実に構成しているもの（wirklich Aufbauendes）という意味で」という補足がつけられている。つまり、「実的」という概念は「対象を現実に、じっさいに構成している、形作っているような」ということを意味する。これは以下のように考えればよいだろう。たとえば、湖を描いた絵画があるとする。この絵画の部分としては、青の絵具や黒の絵具の乗った各部分がある。これらはその絵画という現実の物体そのものをじっさいに構成している要素であるので、その絵画に「実的」に含まれる。他方、この絵画は「湖」を描いているのだから、その描かれた内容には当然ながら「水」が含まれる。同様に、「陽射し」や「魚」や「草」もおそらくその絵には含まれていることだろう。しかしながら、この絵画がこれらをじっさいに部分として含んでいるわけではない。つまり、(確かに絵具には多少の水分は含まれているだろうが) その絵画の水の部分がじっさいに水で構成されているわけではないし、この絵画の中にじっさいに魚が含まれているわけでもない。この絵画はそれらを表し、表象してはいるので、「志向的」にはそれらが内容として含まれているものの、「実的」には含まれていないわけである。逆に、この絵画の描く風景には「絵具」は含まれていないだろうから、この場合「絵具」は実的には含まれていても、志向的には含まれていない。先の引用に戻れば、フッサールはこのような意味で我々の意識をじっさいに構成しているリアルな出来事を「体験」と呼んでいるわけだ。

なお、フッサールの「部分」概念は「断片 (Stück)」と「契機 (Moment)」を含むことに注意しておきたい。絵画の青い部分と黒い部分とはじっさいに切り離して分離することができ、他方の部分なしにもう一方の部分を理解することができる。フッサールは、こうした分離可能で独立した部分のことを「断片」と呼ぶ。これに対して、青い部分のその特定の色合いの「青さ」は、その青さを持った部分の形や厚み、つまり空間的な広がりから切り離して「青さ」だけを取り出すことはできない。別の例で言えば、コーヒーカップの取っ手の部分とカップの部分を切り離すことはできるが、「白さ」と「形」に分離することはできないだろう。また、取っ手の部分を切り離してもカップ部分はカップ部分であり続けることができるが、形がなくなったら白さももはや白さとしてそこに存在することができない。つまり、空間的な広がりを持った形の上に初めて色が乗ることができるのであり、色は分離可能な独立的部分ではない。しかし、特定のこの白さと形が合わさってまさにこのコーヒーカップを形作っており、特定のこの青さとこの形と厚みが合わさってじっさいにこの絵画を形作っていることも確かだろう。その意味では、これらはコーヒーカップや絵画の「実的」な部分である。そこでフッサールは、実的な部分ではあるが独立的ではないもの、他の部分に依存して切り離すことができず、抽象的にしか区別できないものを「契機」と呼ぶのである。この点は、「意味」が心的作用のどのような意味での「部分」・「内容」なのかを考える際に重要となる。

先の引用に戻ろう。そこでは体験は「リアルな」出来事だと言われていた。すると、実在の人間や動物の、しかもそこに宿っている「心」や「魂」の存在を前提して、その中に実的な部分として含まれるものを「体験」と呼んでいるように思われるかもしれない。しかし、先の引用の直後にフッサールはこの体験の概念を自然界の人間や動物といった経験的実在から切り離して理解しなければならないと述べている。ではなぜ体験は「リアルな」出来事なのか。

フッサールの意味概念を正しく理解するためには、「リアルな（real）」と「イデア的な（ideal）」という対比を正しく理解することが不可欠である。フッサールは、「リアルな」ものとは我々の心の外の世界に実在するもの、超越的なものであり、それに対して「イデア的」なものとは思考の中だけの存在である、といった見方を紹介した上で、自分はそのような見方は採用しないと述べている。その上で、「リアルな」ものの本質は時間性であるとフッサールは言う。

しかしながら我々は、そのような形而上学の迷路に迷い込みたくない。我々には意識の「内」も「外」とまったく同様にリアルなものとして妥当する。個体はそのすべての成素断片を含めてリアルである。それはひとつのここと今である。リアルなものの特徴的なしるしとしては我々には時間性で十分である。確かにリアルな存在と時間的な存在は同一の概念ではないが、しかし外延の等しい概念である。(Hua XIX/1, p. 129、『論理学研究2』p. 138)

しかし形而上学的なものを完全に排除しておくべきであるならば、リアルなものはまさに時間性によって定義される。というのも、ここで重要なのは、それがイデア的なものの非時間的な「存在」の対照項であるということだけだからである。(Hua XIX/1, p. 129、『論理学研究2』p. 138)

つまり、フッサールの言う「リアルな」とは、心の外に客観的に観察可能な仕方で実在しているという意味ではなく、数学的対象などのイデア的なものの非時間的な在り方と違って、特定の時点で生起したり消滅したりするものであるという時間的性格を意味しているわけである。

それゆえ、以上のことから、フッサールが意味付与作用を「志向的体験」として特徴づけるとき、そこには何らかの意図的な活動によって言葉に特定の意味を結びつけようとする含意はない。そうではなく、いま現れている言葉にいま特定の時点で、どの意味を結びつけて解釈したのか、という志向性の意識がリアルに、つまりそれがいつ起こったのかということが時間的に特定できる仕方で出来事として生じている、ということを述べている。これはまさに、ダメットが「出来事としての把握」の概念で述べていたことだろう。つまり、フッサールはこの概念でダメットの意に反するようなことは含意していないのである。

さらに、フッサールのこの「意識」の強調にもじつはダメットとの類縁性がある。フッサールが「現象学」や「記述的心理学」という仕方で自身の哲学的プロジェクトを語る際には、それが動物や人間という現実の生物の身体的・心理的機構とどう関わるのか、魂や心といったものの有無や本性といった形而上学的問題から独立であることを強調する。ではなぜフッサールは、意味の把握を語るこうした場面で「意識」や「体験」の概念を巻き込んでしまうのか。それは、意味の把握が我々にとってある意味で「内在的」であり、「明証的」なものであるからである。フッサール自身の証言を引こう。

> 知覚の対象の実在については我々は間違えるかもしれないが、しかし私がその対象をしかじかに規定されたものとして知覚しているということ、そしてその対象がこの「知覚する作用が考えていることにおいて」まったく別の対象、たとえばコガネムシの代わりにもみの木ではないということについては、私は間違えるはずがない。（Hua XIX/1, pp. 201-202、『論理学研究2』p.

216)

コガネムシを我々が知覚していると思っていても、それが本当はカナブンであるとか、じつは虫ではなく木の瘤であるとか、壁の汚れであるということは十分にありうる。あるいはそもそも、夢を見ていたりまったくの幻覚であるということすらありうる。つまり、「自分が知覚している対象はじっさいに実在するコガネムシである」ということは確実には主張できない。しかし、「コガネムシだと思っているのか、それとも木の瘤だと思っているのか」ということについては、我々は確信をもって答えることができる。つまり、「コガネムシだと思っていたが、本当は違うかもしれない」と自信がなくなったときでも、我々は前段の「コガネムシだと思っていた」ということを撤回する必要はない。「コガネムシだと思っていたがじつは木の瘤であった」という場合に、「じつはコガネムシだとは思っておらず、木の瘤だと思っていたはずだ」ということにはならないのである。「コガネムシだと思っていた」という前提が確かに知られているからこそ、我々は「思い違いであった、間違っていた」ということも言えるわけである（とはいえ、我々は時に自身の心的状態についてさえ思い違いをすることもあり得るかもしれない。この問題は重要ではあるが、本書では立ち入ることができない）。それゆえ、自分が志向的対象を何だと思っているのか、どのように対象への方向性を定めているのかというその「意味」の体験に関しては、我々は決して誤らない確証をもっているわけである。これをフッサールは、「明証」という言葉で表現している。これは、先に問題になったような多義語の意味の解釈についても同様である。我々は確かに、「ラム酒」の意味で発せられた言葉を誤って「ラム肉」の意味で解釈してしまうことがありうる。しかし、自分が「ラム酒」の意味で受け取ったのか「ラム肉」の意味で受け取ったのかのいずれであるのかは自分の中で明らかであるのでなければならない。「この車両にいる一番背の高い人」という言葉を使う場合にも、我々はそれが誰であるのかについて誤ることがありうる。車両内を見回して「自分がそうだろう」と思いつつこの言葉を発話したとしても、じつは隅の方に座っていた別の人が当該の条件を満たす対象だったということは大いにありうる。しかし、それでも発話者が「この車両にいる一番背の高い人」のことを考えていたのであって、「この車両にいる一番体重の重い人」や「この車両にいる一番一〇〇メートル走の速い人」について考えていたわけではない、ということについては誤らないのである。だからこそ、自分が身長という条件で車両内の最も高い人を探索するという手続きを確かに把握しているからこそ、その当の条件を満たすのは私ではなくあの人だった、ということも理解可能になるのである。こうした意味で、その志向的対象がじっさいに何であるのか、つまり手続きをじっさいに実行した場合にどの対象を発見するのか、という点については対象は我々の作用を超越しているけれども、我々がどのような手続きによって対象への方向性を考えているのか、という点に関しては作用の中で我々にとって知られているのでなければならない。こうした意味で、「意味」の把握は主体にとって内在的であり、自身に対して透明なものでなければならない。

そして、この論点については、ダメットも以下のように語っていることは注目に値する。

たとえばもし、自分の前に樫の木があるという幻影に主観が陥っていて、その樫の樹について何らかの主張をするならば、そしてもし聴いている人が彼は樫の樹についての彼の観念を指示しているのだと示唆するならば、彼は「私はいかなる観念についてでもなく、そこにあるあの現実の樹について語っているのだ」といったようなことを言うだろう。ここでは、主観の意図が最高権をもつ。もし彼が自分は樫の樹を指示するつもりであってその観念を指示するつもりはないと宣言するならば、彼は実際にはいかなる樫の樹も指示していないかもしれないけれども、確かに彼は樫の樹以外のものを指示することはありえない。(ダメット 1998, p. 45)

こうした意味で、意味の把握が発話主体や解釈主体にとって透明な、内在的に意識可能なものであり、そしてそれが単に素質として考えられた把握ではなく出来事としての把握であるならば、それを「心的作用」つまり「志向的体験」の枠組みで捉えることはごく自然であることになるだろう。というのも、もし「体験」というものが「意識」を実的に構成するリアルな出来事として捉えられ、そして「意識」というものがまさに当の主体にとって意識されているものであると考えるなら、主体がある時点での自身の志向性を成り立たせる意味の把握を自ら内在的に意識しているというこの出来事としての把握はまさに志向的体験そのものであるか、または少なくともその実的な部分であろうからである。これはハンプティダンプティ理論であるどころか、上記のような論点に関してまさにダメット自身の議論と大いに軌を一にしているのである。もちろん、だからといってフッサールの考えがハンプティダンプティ理論と結びつき得ないとまでは言えないし、恣意的な心的操作によってでないとすればいったいどのようにして特定の言葉と特定の意味との間の結びつきが習得されるのか、ということをフッサールはまったく説明していない。この習得の仕組みを説明するために公共的な言語使用の実践から意味を説明しようとするダメットの立場から見れば、フッサールの説明に不備があるのは確かである。とはいえここではフッサールの意味付与作用についての語りだけからハンプティダンプティ理論をフッサールに読み込む必然性はなく、不備はあれど積極的に語られた限りのことはダメットにも同意可能なものである、ということを指摘するにとどめる。

なお、先にハンプティダンプティ理論の疑念に関連して触れた「孤独な心的生活」について述べておけば、これもハンプティダンプティ理論を含意するものではない。フッサールは確かに『論理学研究』第一研究第一章第八節において「孤独な心的生活」について語るが、それは公共的な言語実践と無関係に私の心の中で好き勝手に言葉に意味を結びつけてよいということではなく、他者への伝達を意図していない場面でも意味の把握は語りうる、ということでしかない。たとえば、「ラムを買いに行こう」という言葉を我々は聞き手に自分の意図を伝えるために発話することもあるが、自室にひとりでいるときにも心の中で思考することもある。心の中でひとり呟かれた「ラムを買いに行こう」は、もちろん伝達を意図していない。自分の考えは言葉で伝えなくとも自分には伝わっているからである。しかし、伝達のないこうした場面でも、この「ラム」という言葉を「ラム酒」

の意味で理解する、という出来事としての把握は確かに起こっている。この意味で、言葉の意味という現象は伝達を前提として理解されるべきではない。フッサールが孤独な心的生活について語るのはこうした文脈でなのである。

第三節　意味のイデア性

では、なぜフッサールは意味の「イデア性」について語るのだろうか。ダメットも指摘していたように、フレーゲもフッサールも、「意味」（フレーゲの場合には「意義（Sinn）」）を物理的なものとも心理的なものとも異なる非時間的な、イデア的なものだと語るのである。前節での議論では、フッサールは意味の把握をリアルな心的出来事として理解していたのではなかったのだろうか。

ここで言う「イデア性」とは、プラトンが様々な感覚的な美しいものたちが共有する唯一不変の「美」そのものについて語ったように、様々な時代、場所、文脈を貫いて、誰が考え、語ったとしても同一であるような永遠不変の意味そのものの在り方を表している。

フッサールが意味のイデア性を強調する大きな理由は、論理や推論の可能性を説明することにある。じつは、フッサールは自身の「現象学」の志向性理論を『論理学研究』の第二巻（１９０１年）で詳細に披瀝する以前に、『論理学研究』第一巻（１９００年）で意味のイデア性について徹底した議論を展開している。その著作タイトルにも現れている通り、その主題はまさに「論理学」である。

たとえば、我々が「奇数の完全数であるような最小の自然数」のことを考えるとしよう。この数を探そうと1から順にチェックして、2, 3, 4, 5, ……とチェックしている人に対して、我々は「奇数であるような数を探すのだから、1ずつ足して確かめるのではなく、2ずつでよいのでは」と口を挟むかもしれない。このとき、「奇数である」ということの意味が自分と相手で同じであるということを、我々は当然前提にしているわけである。そうでなければ、彼のやり方に口を挟むことはできないからだ。このように我々は、異なる主体のあいだで共通の同じ「意味」が把握されているということをしばしば想定する。「奇数」や「完全数」、「素数」、「約数」など、様々な意味を我々が同じ意味で理解しているという前提なしには、自然数の数学的構造について相互に議論することはできないだろう。つまり、我々は他人の発した主張に対して、「その仮定からはこうした帰結がでるはずだ」、「いや、その主張はこの定理と矛盾する」といった応答を行うことができる。こうした論理的な帰結や論理的な矛盾ということが可能であるためには、我々は相互に同じ意味を把握していなければならないだろう。もしそうであるならば、意味の把握は心的作用として実現されるとしても、我々が相互に共有している「意味」そのものは各主体に個別化される心的作用ではないということだ。

このことは、異なる主体のあいだにだけ言えることではない。たとえば、我々は哲学の授業が休講ならば、二時間早く帰宅できる。
二時間早く帰宅できるならば、あのテレビ番組が観られる。
それゆえ、哲学の授業が休講ならば、あのテレビ番組が観られる。

といった推論を行う。この推論は、我々自身の頭の中で行われるものであり、他人と議論して行うものではない。しかし、ここに二度ずつ登場する「哲学の授業が休講」、「二時間早く帰宅できる」、「あのテレビ番組が観られる」というみっつの命題は、我々の推論のプロセスの中でのそのつどの出来事としての把握という意味では、異なる時点に生じる異なる把握であるはずである。つまり、推論というのは時間的に推移するプロセスである以上、その推論の中の各ステップで登場する命題は、そのつど（たとえ若干ではあっても）異なる時点で把握されている。そうであるならば、把握がリアルな心的作用である以上、同じ主体の頭の中であってさえ、それらの作用は異なる別の作用である。しかしもしこれらが「異なる命題」であるならば、先の推論は

AならばB
CならばD
それゆえEならばF

という形式をしていることになるはずだ。というのも、時点が過ぎるごとに異なる作用が現れるのだから、この推論の中でひとつとして「まったく同じ命題」は現れないはずだからである。しかし、こんな形の推論は論理的に妥当ではあり得ないだろう。我々が先の推論を認めるのは、これが

Aならば B
Bならば C
それゆえAならば C

という形式のものとして捉えられているからである。つまり、この推論の中で現れる命題たちは、時間の流れを貫いて同一不変のままにとどまっていなければならない。そして、推論は原理的にはどれだけ長くなることもありうるのだから、こうした命題たちは短時間で変化してしまうようなものであってもならない。つまり、原理的にはどれだけ多数の人にも、どれだけ長い期間を空けても、論理的推論に登場し、他の命題と論理的に矛盾したり他の命題から論理的に帰結したりする命題たちは、共通の永遠不変のものであり続けなければならないのである。それゆえ、フッサールはここで共通のものにとどまる「意味」をイデア的なものとして記述する。

たとえば「πは超越数である」という言明文が述べていること、それを読む際に我々がそのもとに理解し、それを発話する際にそれによって意味しているものは、我々の個体的な、ただ常に反復されうるだけの思考体験の進行ではない。各事例ごとにこの進行は個体的にはやはり別のものであるのに対して、その言明文の意味は「同一」であるはずである。我々ないし誰か他の人たちが同じ文を等しい志向によって反復するならば、それぞれがその現象とその言葉とその理解の契機を持つ。しかし個体的体験のこうした無際限な多様性に対して、それらの諸体験の中で表現されているものはどこでも同一のものであり、それは言葉のもっとも厳密な意味において「同じもの」である。人や作用の数だけ文の意味が複数化されたわけではなく、イデア的論理学的意味での判断はひとつなのである。(Hua XIX/1, pp. 104-105、『論理学研究2』p. 110)

ここでは、意味のイデア性が「イデア的論理学的意味」として語られ、それを思考体験の中で把握する出来事としての把握が「理解の契機」として語られている。この「契機」という言葉は先に確認した非独立的な、抽象的な部分としての「契機」である。つまり、出来事としての把握は我々の心的体験の中である特定の時点に生じ、その実的な部分としてリアルな存在であるのに対して、その契機によって把握される「意味」そのものの方は、非時間的で永遠不変のイデア的な存在なのである。

ここで、イデア的なものすなわちここでは「意味」が「永遠不変」とまで言い切るのは不遜に思われる読者もいるだろう。じっさい、言葉の意味というのは時代とともに移り変わる。フッサールは、こうした言葉の意味の変遷を否定しているわけではない。しかしフッサールは、こうした場合に変化しているのは正確に言えば「意味」ではなく、「意味付与作用」の方だと言うのである。どういうことだろうか。

しかし正確に見れば、意味の動揺は本来的には「意味するという作用の動揺」である。つまり、表現に意味を付与する主観的な作用が動揺するのであって、この場合この主観的な作用はただ単に個体的に変化するだけではなく、同時に表現の意味がそこに存するところのスペチエス的諸性格に従って変化するのである。しかし意味それ自体は変化せず、もちろんこうした言い方は、一義的で客観的に確定された表現の場合と同様、多義的で主観的にくもらされた表現の場合にも、我々が意味ということでイデア的統一体、それゆえスペチエスを理解しているということを前提すれば、まさに不合理な言い方である。(Hua XIX/1, pp. 96-97、『論理学研究2』pp. 101-102)

「スペチエス」というのは、同じ性質を持つ様々な対象に共有される、ただひとつのイデア的な対象のことである。たとえば、赤いものは世の中にいろいろと存在するが、それらは同じ「赤」という性質を持っている。我々はそれらを「同じ色」であると言い、それらの色を「一色」であると数える。すなわち、ここには多数の赤いものがあるが、スペチエスとしての「赤」そのものはひとつであり、それはすべての赤いものに共有されている。赤いものははるか昔から遠い未来まで存在するだろうから、スペチエスとしての「赤」はイデア的なものでなければならない。フッサール自身の説明を見ておこう。

ある赤いものを我々が目の当たりにしている。しかしその赤いものは赤というスペチエスではない。具体的なものはスペチエスを自身のうちに(「心理学的」、「形而上学的」)部分として持っているのでもない。部分、この非独立的な赤の契機は、具体的な全体と同様にある個体的なものであり、あることと今であり、具体的な全体とともにまたその内にあり続け、また具体的な全体とともにまたその内で過ぎ去るものであり、それはさまざまな赤い客観において等しくはあるが、同一ではない。しかし赤さというのは、そこで生成や消滅について語ることが背理であるようなひとつのイデア的統一体なのである。(Hua XVIII, p. 135『論理学研究I』p. 149)

このように、赤いものはリアルなものであり、その赤さを契機として抽象的に取り出すこともできるが、契機もまたリアルで個別的なものである。それらに共通する同一の「赤さ」そのものがスペチエスと呼ばれるのであり、それはイデア的なものである。なお、フッサールはこの箇所のように、「等しい(gleich)」と「同一(である)(identisch)」を使い分ける。すべての赤いものと、その中に含まれるリアルな赤の契機はみな同一の赤さのスペチエスを共有するが、しかしリアルなものとしてはそれぞれ時間的、空間的に異なるところに存在する別のものであり、互いに赤さの点で等しくはあるが、同一ではない。説明の都合で順番が前後してしまい恐縮だが、この「等しい」と「同一」の区別を踏まえた上でぜひもう一度本書の二一二頁に引用したテクストを読み返しておいていただきたい。

先の引用に戻ろう。「意味」そのものは同じ意味を把握する作用たちに共通するイデア的なスペチエスであって、それは非時間的なのだから変化し得ない。変化するのは、言語表現とその意味を結びつける作用の方なのである。具体的に考えてみよう。たとえば、日本語の「青」はかつては緑をも含むような広い範囲を指していたとよく言われる。「青信号」や「青菜」などにその名残りが残っているわけである。単純化のために、ここではかつて「緑または青」を指していた「青」という言葉が、現代では「青」だけを指すようになったと仮定しよう。このとき、変わったのは「意味」そのものなのか、とフッサールは問うわけだ。

言語表現とその意味との区別が文章上で紛らわしいので、この議論のあいだだけ言語表現としての「青」という言葉をこれまで通り鉤括弧で「青」と表し、意味としての青や緑を〈青〉、〈緑〉、〈青または緑〉などと山括弧で表すことにしよう。これらはスペチエスとしての色そのものを表す名詞としても用いられるが、ここでは「青い」という述語の形で考えることにしよう。意味が探索手続きであること、探索対象が意味論的値であることを思い返せば、こうした述語的な表現の意味とは外延を探索する手続き、ある与えられた候補が外延に含まれているかどうかをチェックする手続きと考えられる。要するに、ある対象が青いかどうかを判定するやり方が〈青〉であり、ある対象が緑であるかどうかを判定するやり方が〈緑〉、ある対象が青いかまたは緑であるということの当否を判定するやり方が〈青または緑〉であるとする。我々は多くの場合、自分の目で見てこれらの識別を行うやり方を知っているわけである。

さて、我々は言語表現「青」の意味が〈青または緑〉から〈青〉に変わった、というような語り方をする。この語り方は、あたかも〈青または緑〉という意味そのものが〈青〉という意味に変化してしまったかのように思わせる。しかし、それではかつての〈青または緑〉という意味はもはや存在しなくなってしまったのだろうか。そうではないように思われる。もしそうであるなら、我々がいま、現代のこの時点で、「青」の意味が〈青または緑〉から〈青〉に変化したと語ることさえできなくなってしまうように思われるからである。どういうことか。

喩えて言うなら、我々は配偶者を変えることがある。イギリスのヘンリー八世は自らの離婚のためにカトリック教会を離脱し、イギリス国教会を独立させた王として知られるが、彼は生涯に六人の妻を娶っている。さて、彼の妻がキャサリンからアン・ブーリンに変わったと言うとき、我々は何を言っているのだろうか。キャサリンその人が、アン・ブーリンへと変身した、ということを言っているのだろうか。そうではないだろう。そうではなく、離婚後もキャサリンはキャサリンのままであり、アン・ブーリンは結婚前からアン・ブーリンその人であった。彼女らはそれぞれずっと一貫して同一人物のままであり、互いに別人として区別される。変わったのは、ヘンリー八世との婚姻関係である。だからこそ、キャサリンとアン・ブーリンは別人であるという区別自体がずっと変わっていないからこそ、我々はこの関係の変化を「キャサリンからアン・ブーリンへと妻を変更した」という変化として語ることができるわけである。誰と誰が別人であり、同一人物であるかという同一性そのものが揺らいでしまったら、我々は配偶者が同じままであるとか変わったとかといったことを語る参照軸そのものを失ってしまう。同様に、「青」という言葉の指す範囲（より正確に言えばそれを特定する手続き）が〈青または緑〉から〈青〉に変化した、と言うことができるためには、その変化を記述する座標軸そのものは不変でなければならない。〈青または緑〉という意味と〈青〉という意味をいまも比較できるからこそ、前者から後者への変化ということを語ることができるわけである。どこからどこへの変化なのか、という座標軸そのものが変動してしまえば、我々は変化を語ることができない。周囲に陸地も見えず、空に星も見えない大海原の真っ只中では、自分が一時間前と比べて同じ位置にいるのか流されているのかさえ識別することができないだろう。意味そのものが変化してしまっては、我々はいわゆる「意味の変化」というものを正しく語ることはできないのである。それゆえ、およそ言葉の意味の変化ということを語るためには、それは意味そのものの変化ではなく、言葉と意味との関係の変化でなければならない。それゆえ、意味そのものはイデア的なものとして不変であり、変わるのは意味付与作用の方なのである。

　これまでの議論をまとめれば、フッサールの言う「意味」そのものはイデア的なスペチエスであり、非時間的で永遠不変のものであるが、それを特定の時点で把握する出来事としての把握を担うのは「意味付与作用」という志向的体験である。それらの志向的体験の中で同じ型の意味を把握する作用同士は、それぞれの持つ把握の「契機」として等しい特徴を持つ。作用とその契機は時間的に生じるリアルなものであり、意味そのものはイデア的なものである。

第四節　イデア的なものをリアルな世界に呼びだすこと

リアルなものとイデア的なもののこの関係は、コンピュータのプログラムを例に取るとわかりやすいかもしれない。一般に、対象への志向性を成り立たせている「意味」は、対象を探す「手続き」として考えられるのだった。特定の自然数などの数学的対象の場合には、これは要するに「計算手続き」、すなわちアルゴリズムやそれを実装した計算機プログラムと考えることができる。この「意味」それ自体は、まったく同じ「手続き」をいつでも実行できるという意味で「イデア的」なものである。もちろん特定のコンピュータのメモリに格納されたプログラムはある意味で時間的である（つまりある時点で格納され、ある時点で消去されうる）が、たとえば我々が古代ギリシアの時代に使われていたユークリッドの互除法のアルゴリズムを現代でも同じように用いることができ、また千年後も二千年後も用いることができるという意味で、「手続き」そのものは非時間的に同じものである。この意味で、どのコンピュータにいつからいつまで記憶されたものであれ、すべて同じアルゴリズム、「同じ型の手続き」であるという意味でのこの「手続きの型」(プログラミングの比喩を用いているため紛らわしいが、型理論の意味での「型」ではない。つまり、型理論では足し算も掛け算も同じ「自然数から自然数への関数である」という意味で「同じ型を持つ」ということが言われるが、ここでの議論における「同じ型の手続き」というのはこうした意味ではなく、どこで何度呼び出されようとも一定の同じやり方の手続きであるという意味であり、したがって足し算は何度呼び出されても同じ足し算という型の手続きであり続けるが、足し算と掛け算とは「同じ型」の手続きではない)が「イデア的な意味」であり、特定のコンピュータへの特定の実装が「素質としての把握」ということになるだろう。しかし、ある特定のコンピュータにある特定の時点であるプログラムが記憶され、素質として把握されたとしても、それだけでは話は終わらない。プログラムは呼び出されなければならないからである。これが「出来事としての把握」に当たる。

個人的な思い出話で恐縮だが、筆者は「定項はゼロ項関数とみなすことができる」という話を初めて聞いたとき、言わんとすることは理解できるとともに、どうにも不可解だという感覚を持ったのを覚えている。これはすなわち、定項というのは入力をひとつも必要とせずに、それ自体で対象を出力するような関数だ、という話である。定項というのは先に述べたようにある対象を指示する名前のことであり、たとえば「2」のような数字はその代表だと考えてよい。つまりこの数字そのものはあくまで言語表現としての名前であり、自然数2という数学的対象はこれが指示する志向的対象であるわけだ。だからこそ、我々は「1＋1＝2」といった表現も理解することができる。これは両者が言語表現として同じだと言っているわけではなく、あくまでその指示対象、志向的対象が同じだと述べているのだと理解しなければならない。表現としては両辺は異なるからである。

さて、ここで用いられる「＋」という記号は二項関数を表す記号であり、それゆえふたつの入力を与えられなければどの自然数を指すのかは確定しない。ふたつの自然数、たとえば1と1を入力として受け取って初めて、この関数はその和を「1＋1」という表現全体の指示対象として出力するわけだ。このように考えると、「2」という定項は入力を何も必要とせずに指示対象を出力できる「ゼロ項の」関数と考えることができる。n個の入力によって必要な情報を補って初めて特定の対象を指示する関数がn項関数であるならば、特に補われるべき不特定の項目を持たず、それ自体で直ちに対象を指示することのできる定項はゼロ項関数であるはずである。

だが、「関数」というもののイメージとして、ブラックボックスという比喩がよく用いられる。中でどのような処理が為されているかはともかく、入力を入れるとそれに対応した出力が吐き出されるような中身の見えない箱をイメージするわけだ。「二乗」という箱には自然数をひとつ入れると自然数が吐き出され、たとえば3を入れると9が返ってくる。「和」という箱には自然数をふたつ入れる必要があり、3と4を入れると7が返ってくる。だが、そうだとするとゼロ項関数からはいったい「いつ」対象が吐き出されるのだろう。通常は入力を入れたときに出力が返ってくるが、ゼロ項関数には入力を入れる必要がない。そうだとすれば、ゼロ項関数の箱からは四六時中出力が吐き出され続けているのだろうか。入力を入れた時点で出力がそのつど一回吐き出されるような関数と比べて、壊れた蛇口のように対象が漏れ出し続けるゼロ項関数というのはなんとも奇妙な関数ではないだろうか。そう考えて私は「不可解だ」という感覚を抱いたわけである。

結論から言えば、私のこの描像は誤解であった。関数というのは、ただ関数として存在しているだけで対象を吐き出すわけではない。関数が対象を出力するのは、「呼び出されたとき」なのである。たとえば、コンピュータのプログラミングにおいてもじっさいにゼロ項関数というのはありうる。あまり実用的には使わないかもしれないが、たとえば「最小の完全数」を与える関数がそうである。この関数は、1ないし0から始めて、すべての自然数をひとつずつサーチし、サーチ対象の自身を除くすべての約数の和がサーチ対象に一致するかどうかを逐一調べていく。そして、最初に一致したサーチ対象を計算結果として出力するわけである。この関数には、特に補われるべき未確定の情報はない。何らかの入力に関する情報を補われて初めてその入力に対応する値を計算し始めるわけではなく、「最小の完全数」というだけで既に何が対象であるのかは決まっている。それゆえ、この関数は特に入力を待つことなしに、そのまま実行されれば値6を出力するのである。

重要なのは、この「実行されれば」という部分である。こうした意味での「関数」は、ただメモリの中に格納されているだけでは出力を返さない。入力(プログラミングの用語では「引数」、より正確には「実引数」)を必要とする関数であれ入力の不要な関数であれ、プログラム全体の処理の中で必要になった際に、あるいはユーザーから実行を指示された際に、その関数が「呼び出され」、実行されることによって初めて値を出力する。定項も、言語の中に定項が存在しているだけでつねに対象を吐き出し続けるわけではない。そうではなく、文の中の特定の位置にその定項が出現し、文の真理値が問題となった際に、その指示対象を特定すべき段階でそれを出力するのである。それゆえ、プログラムの実行において関数が特定の時点で呼び出されなければ意味を為さず、そして繰り返し同じ関数を呼び出すことが可能であるのと同様に、我々の用いる「意味」もまたイデア的なものとして永遠不変の存在を持っているだけでは意味がない。それは特定の時点で呼び出されて出来事としての把握にもたらされなければならず、それによってある特定の主体にある特定の時点で対象への関係が成立するのである。つまり、出来事としての把握とはプログラミングで言う「関数呼び出し」なのである。

だが、プログラミングにおける通常の「関数呼び出し」と出来事としての意味の把握には異なる点もある。プログラミングにおいては、通常ある関数が呼び出されれば、その時点でその出力の値が処理に必要になったということなのだから、その値は直ちに計算される。しかし、我々は通常対象について思考したとしても、その指示対象がじっさいにどれであるのかを直ちに探索するとは限らない。たとえば、会社の同僚と「会社の最寄駅の西口のコンビニの裏に回ったところに新しいイタリアンのお店ができたんだけど、今度行ってみないか」という会話をしているとしよう。こうした雑談をするたびごとに、「わかった、会社の最寄駅の西口のコンビニの裏に回ったならば得られるような対象について話しているんだね、じゃあ早速いますぐその手続きを実行して対象それ自体を直観にもたらさないと」となっていたのではおちおち雑談もできない。第一、こんな有り様では海外のニュースや宇宙開発の話題など迂闊に口に出せたものではない。そうした場合にも、我々は「もし定められた手続きを実行するならばそれによって特定されるであろうような対象」について語っていることは確かである。その意味で、この時点である特定の手続きがいわば呼び出され、我々の言葉や思考が一定の志向性を獲得することは間違いない。しかし、だからといってこうして呼び出された手続きは、つねに実行されるとは限らない。我々の思考やコミュニケーションにとってはしばしば「どのような手続きによって得られる対象の話をしているか」だけで十分であり、即座に直観にもたらす必要はないのである。それゆえ、手続きの実行はしばしば保留される。プログラミングの比喩をもう一度用いるならば、充実化の働きとは関数の評価実行のことであり、我々はしばしばその実行を必要になるまで保留する、つまりいわゆる「遅延評価」を行なっていると解釈することができるだろう（なお、遅延評価を行うにはいわゆる「参照透過性」の問題を避けては通れない。この点については付論と読書案内のところで触れる）。

なお、ここでより正確な理解を求める読者のために、やや上級者向けの解説を補っておく。先にも簡単に断っておいた通り、意味を単に「対象の探索手続き」とみなすこれまでの本文の説明は、議論の大筋を見易くするための単純化を施している。ダメットやフッサールのテクストには手続きそのものを意味とすることを示唆するような表現もあるものの、事柄としてより正確に言えば、意味の把握に当たるものは一般には単一の決まった対象決定の手続きである必要はなく、そうした一連の手続きをそれとして把握する能力、いわば手続きの「仕様」であればよい。このことは言い換えれば、意味は対象を算出するプログラムそのものではなく、プログラムの「型」でよいということでもある。このことは先に「手続きの型」とはプログラミングで言う「型」のことではないとした注釈に矛盾するようであるが、じっさいにはそうではない。とはいえ、これまでの説明をいくつかの点で修正するような議論をここで展開するので、混乱しそうな読者は以下を飛ばして第四節に進んで構わない。これまでの説明のままでも基本的な議論の構造は十分に理解していただけるはずである。

さて、これまでの議論では「最小の完全数」や「奇数であるような最小の完全数」を1から順に探索していくアルゴリズム（ただし後者の場合はそれが存在しない場合には手続きが停止しない）のように、対象を算出するための決まった機械的手続きが存在する場合のことを念頭に置いていた。しかし、一般には我々の扱う対象はこうしたものばかりではない。たとえば、「奇数であるような最小の完全数」と同様に対象が見つかるかどうかわかっていない数学の例で言えば、「最大の双子素数」のようなものが考えられる。双子素数、すなわち11と13、17と19のように差が2であるような素数の組が無限個あるかどうかは知られていない。それゆえ、「最大の双子素数」が存在するかどうかはわからない。さらに、「奇数であるような最小の完全数」の例と違い、「最大の双子素数」の場合には、それを探索する決まった方法があるわけでもない。「奇数であるような最小の完全数」の場合には、ある候補が奇数の完全数であるかどうかは決まった手続きで有限時間内に必ず判定でき、したがって自然数を小さい方から順に調べていけば、もし「奇数であるような最小の完全数」が存在するのなら必ず見つけることができる。しかし、「最大の双子素数」の場合にはそうはいかない。確かに、ある候補が双子素数になっているかどうかは容易に調べることができる（候補として自然数の組を与え、その要素の双方が素数であるかどうかとその差が2であるかどうかを判定するのでもよいし、候補として自然数を与え、それが素数であるかどうかと、プラスマイナス2をした数のいずれかが素数であるかどうかを判定するのでもよい）。しかし、「奇数であるような最小の完全数」の場合と違い、今回は「自然数を大きい方から順に調べる」ということができないからである。それができない以上、候補を順に検討し、最初に見つかったものを対象とする、というわけにはいかない。自然数を網羅的に調べるには、基本的には「小さい方から」順に調べるしかない。それゆえ、「最大の双子素数」を探索するには「与えられた候補が双子素数であるかどうか」の判定だけでなく、それが「最大であるかどうか」の判定も必要になる。この判定は、単に候補が「双子素数であるかどうか」の判定のように機械的にはいかない。最大であると言えるためには「それ以降の自然数（の組）はすべて双子素数ではない」ことを示す必要があるが、それ以降の自然数（の組）は無限に存在するからである。「奇数であるような最小の完全数」の場合には、最小であることを示すためには「それ以前の自然数はすべて奇数の完全数ではない」ことが言えれば十分だった。そしてそれは小さい方から順に探索していけば自動的に満たされる。しかし、「最大の双子素数」の場合にはそうはいかない。ある候補を調べているとき、「それ以降の自然数（の組）」はまだ調べていないからだ。

こうした事情のゆえに、「最大の双子素数」の場合には、ある候補が当のその対象であると言えるためには「それ以降のすべての自然数（の組）」についてそれが双子素数ではないことの証明が必要となる。しかし、一般に任意の自然数について何らかの性質を証明する方法というのは様々な仕方があり、それを証明するためのある決まった機械的手続きが存在するわけではない。少なくとも、もし証明を与える機械的手続きがあったとしても（そしてじっさい、ある決まった自然数論の公理からの古典一階述語論理における論理的帰結、という意味でなら証明を機械的に探索する半決定可能な方法はなくはないが）多くの読者はそんな手続きは知らないだろう。しかしそんな方法を知らなくても、我々は「最大の双子素数」の意味を理解できるのではないだろうか。つまり、我々は「ある候補が双子素数ではない」ということがどういうことかを知っている。そして、「それ以降のすべての自然数（の組）についてそれを証明する」ということがどういうことなのかということ、たとえばいくつかの有限個の事例を調べただけでは足りないことや、たとえば数学的帰納法を用いて証明されれば十分なことなどを知っている。つまり我々は、その証明をじっさいに知っているわけでも、証明を自動的に与える手続きを知っているわけでもなくとも、「どういうものであればその証明になるのか」という一般的な枠組みを知っている。このように、「その対象であると言えるためには何が言えればいいのか」ということを知っており、その対象を与えたと称する証明の候補を「本当に証明になっているのか」分類するための、証明が満たすべき「仕様」を把握していれば、「対象の与えられ方」という意味での「意味」を知っていると言ってよいのではないだろうか。

数学以外の例でも考えておこう。たとえば我々は、「コガネムシかと思ったら木の瘤だった」という経験をすることがある。このとき、「木の瘤」の意味を知っているためには、それが木の瘤であるということを示すただひとつの決まった手続き、フッサールの用語法で言えば、ただひとつの充実化の仕方を知っている必要があるだろうか。そうではないだろう。この経験は単に目を凝らしてもう一度見直すことによって起こる場合もあるし、ぐっと近づいて至近距離で観察することによって得られることもあるし、手で触ってみて初めて気づく場合もある。木の瘤であるという充実化は様々な知覚によって与えられるだろうが、我々はそうした知覚のうち「どれが木の瘤であるという充実化に寄与するのか」という分類基準を知っていればよいわけである。

さて、対象の与えられ方としての意味とは、「証明＝充実化」のための決まった特定の手続きであるというよりは、「何が証明＝充実化としてカウントできるか」という分類基準、仕様のことであると考えられるのだった。一般に、ある同じ命題についても多様な証明が考えられ、また証明は結論を見ればそれが「何の命題を証明したものなのか」はわかるから、命題と証明の関係は多様な証明がひとつの命題に帰属するような多対一関係になっている。この点で、1, 2, 3といった個々の数値データが自然数という型を持ったり、「真」という真理値が真理値という型に属するのと何ら変わりはない。これがまさに、命題の「意味」（あるいは文の「意味」としての命題）が単一の証明ではなく証明の「仕様」と考えられることの理由である。しかしそれだけでなく、じつは数学や論理学における証明と命題の関係は、ある種の定式化においてプログラミングにおけるデータ（や関数）と型の関係と数学的に同型であることが知られている（カリー・ハワード同型対応）。この意味においては、「意味」とはすなわち「仕様」であり、それはまさにプログラミングにおける「型」であると言ってもよい。先に「手続きの型」をプログラミングの意味におけるそれと混同してはならないと述べたが、ここでの主張はそれと相反することを言っているわけではない。先に述べたのは、「奇数であるような最小の完全数」と「最大の双子素数」のような表現の意味を、単に「自然数」という型と同一視することはできないという話である。もしそのような同一視をすれば、この両者は同じ意味になってしまう。両者は同じ「自然数」という種類の対象を与えるものではあるが、しかしまったく異なる仕方の手続きによって与えられるものである。前者はそれを探索するある一定のアルゴリズムによって与えられ、後者はその仕方では与えられない。こうした一定の手続きの「やり方」のことを、先程までは「手続きの型」と呼んでいたわけである。しかし、既に述べたように、多くの場合対象を与える方法は様々なものがあり、こうした意味でまったく「同じ型」の手続きが単独で「意味」を構成するわけではない。その意味において、どんな手続きであれそれが「最大の双子素数」であると言えるような「型」の手続きであればよい、という趣旨で、ここではプログラミングにおける型との類比が成り立つのである。本書ではこれ以上立ち入る余裕はないが、カリー・ハワード対応とその周辺の様々な概念について詳しくは照井一成『コンピュータは数学者になれるのか？』（2015）の第五章、同じく照井「計算と論理」（2005）などを参照。なお、後者と同じ書籍に収録されている岩本敦「論理と数学における構成主義」(2005)にも上記のような「意味とは仕様である」という論点に言及する箇所がある。

第五節　フッサールのプラトニズムと「対象」概念

前節で確認したように、フッサールは意味のイデア性について積極的に主張する。イデア的な対象の存在にコミットする立場はしばしば(プラトンの名を冠して)「プラトニズム」と呼ばれる。前節の議論の限りでは、フッサールは「意味」のイデア性を主張していたのであって「意味」と「対象」は異なるのだから、イデア的な「対象」まで存在する必要はないのではないか、と思われるかもしれない。しかしフッサールは以下のようにはっきりと明言する。

これに反してイデア的な諸対象は真に実在する。そのような諸対象(たとえば2という数、赤さという性質、矛盾律、等々)について語り、それらを述語に付着するものとして表象することは、明らかに単に意味を持つというだけでなく、我々はまたそうしたイデア的な諸対象に関連する「洞察的に」確実な諸真理を把握するのである。これらの真理が妥当するならば、それらの妥当性が客観的に前提するすべてのものが実在しなければならない。(Hua XIX/1, p. 130、『論

理学研究2』p. 139）

フッサール現象学は意識体験の記述であり、心的なもの以外の存在には積極的にコミットしないのではないかと思っていた読者には意外に思われるだろう。しかしフッサールの「対象」概念は、むしろイデア的なものや形式的なものを含むかなり幅広い種類の存在を含む概念である。

まず、フッサールの「対象」概念はもちろん、目の前の机や椅子、渋谷のハチ公像やスカイツリー、月や太陽のような物理的対象を含む。フッサールやビスマルク、ゲーテやハイデガーといった人物がそれに含まれるのも間違いない。意味や数学的対象のようなイデア的なものも含まれるし、この特定のトマトのこの赤さのような抽象的な契機も含まれる。さらに、「このトマトが赤いこと」、「このトマトが机の上にあること」、「最高裁判所が違憲立法審査権を持つこと」、「素数が無限個あること」などの事実、事態（前節での表記法から誤解を生むかもしれないが、ここではこれらは言語表現ではなくじっさいの事実、事態を指している）も対象に含まれる。こうした様々な種類の対象を扱うために、誤解のないようわざわざ「対象性」という用語まで用意していたことは既に確認した。ではなぜフッサールは、ここまで融通無碍な対象概念を採用したのだろうか。まして、その中でも一際その実在が疑われることの多いイデア的なものの実在にまであれほどはっきりとコミットできたのはなぜであろうか。

その答えは、フッサールの対象概念のそもそもの基本的な捉え方にある。フッサールの対象概念が、意味論的値としての役割を持つことは既に見た。この役割にとっては、何を問題にして、何をめぐって真偽が問われているのかという問題の所在が明らかであり、その真偽に決着がつけられるのであればそれでよい。その決着をつけるものが、何かそれ単独で見たり触れたりできるような、リアルな物体的なものである必要はここにはない。重要なのは、文の真理値を定めるという意味論的な役割を果たせるかどうかである。それゆえにフッサールは以下のように言う。

意味は「普遍的対象」という意味での「概念」のいちクラスを形成している、と言うこともできる。しかしだからといってそれは、「世界」のどこかに実在しているのでないとすれば天上界や神的精神のうちに実在するはずの対象というわけでもない。なぜならこのような形而上学的実体化は不合理であろうからである。存在ということで「リアルな」存在だけを、対象ということでリアルな対象だけを理解することに慣れた人にとっては、普遍的対象とかその存在というような言い方は、根底から倒錯しているように思われるであろう。それに反して、そのような言い方をまずは単純にある判断の妥当性のしるしとして、すなわちそのうちで数や命題や幾何学的形象などについて判断が下されるようなそうした判断の妥当性のしるしとして受け取り、それについて判断が下されるものには、他の場合と同様、判断の妥当性の相関者として、「真に存在する対象」という称号が明らかに与えられなければならないのではないかと自問する人にとっては、ここには何の障害も見出されないであろう。(Hua XIX/1, p. 106, 第二版、『論

理学研究2』pp. 111-112)

ここで言われているように、「存在」とか「対象」ということでついリアルな物体を考えてしまう人にとっては、数や（文のイデア的意味としての）命題、幾何学的な図形などのようなイデア的対象の存在というのは理解し難いものだろう。紙や黒板に描かれた図形はリアルな対象だが、幾何学が扱うような幅を持たず無限に真っ直ぐ伸びている直線や、歪みのない完全な円などはリアルな世界には存在しない。そもそも幾何学が扱うそれらは生じたり消えたりしないような非時間的なものである。それらが対象として実在するとはどのようなことなのだろうか。フッサールは、問題は「それについての判断の妥当性」なのだと言う。ここで、「妥当性」という言葉のこのような使い方はあまり馴染みのない読者が多いかもしれない。日常的な言葉遣いで「妥当」というと、「そのあたりが妥当かなぁ」というように、不確定要素のある憶測や、多少の誤差や不一致を含む妥協点、落としどころといったニュアンスで用いられることが多いだろう。しかし、ここでフッサールの言う「妥当（Geltung）」とはまったくそのような意味ではない。じつは、フッサールは自身の意味のイデア性という考えはヘルマン・ロッツェの『論理学』に由来すると述べている（Hua XXII, p. 156）。この書物では、「妥当（Geltung）」とは、「命題が現に真であること」として語られている。ロッツェは、イデア的なものについてのプラトニズムが何か天上の世界にイデアの存在を認めるかのような神秘的で胡散臭い思想だと思われてしまう理由は、古代ギリシア人たちが「現実性

（Wirklichkeit）」というものを「物の存在（Sein）」という仕方でしか捉えられなかったからだと言う。ロッツェによれば、現実性にはそれ以外にも、出来事が現に起こるという「生起（Geschehen）」の現実性、関係が現に成り立っているという「成立（Bestehen）」の現実性、そして命題が現に真であるという「妥当（Geltung）」の現実性があるという（Lotze, 1989, p. 511）。つまり、命題や意味の世界においてイデア的に成り立っているような真理の領域を認めるために、それを物の存在と同一視して実体化する必要はないと主張するわけである。それゆえ、この「妥当（Geltung）」というのはあやふやな憶測や主観的な落としどころなどではまったくなく、命題が現に確かに真である、という真理性を表す表現なのである。なおロッツェは、こうした命題や判断がある実在の主観によって把握される時には、それは妥当ではなく生起の現実性を持つと述べており（Lotze, 1989, p. 512）、前節で議論したイデア的なものの出来事としての把握というフッサールの議論にこの点でも正確に対応している。

さて、フッサールのテクストに戻ろう。フッサールは、「真に存在する対象」というのは「判断の妥当性の相関者」なのだと述べている。つまり、「最小の完全数」が実在するのは、先に述べたような計算手続きによって6というその指示対象がじっさいに見つかるからである。六個のおはじきや六個のミカンと違って、6という自然数そのものは目にも見えないし、この世界のどこにも存在しないではないかと思われるかもしれない。しかし、それでいいのである。自然数6が実在するためにそうしたことが必要だと思ってしまうのは、イデア的な対象をリアルな対象と混同し、こうしたイデア的な対象もリアルな仕方で存在しなければならないと錯覚してしまうからである。「最大の素数」や「2で割り切れない最小の4の倍数」などと違い、「最小の完全数」は存在する。それは、前者が計算しても見つからず、それどころか存在し得ないことが証明でき、どんな候補を持ってきても「それは条件を満たしていない」と却下できるのに対して、後者は計算によって「これがそうだ」と確かめることができるからである。そして、「そうした計算によって見つかるもの」というのがまさにこの手続きによって考えられている「対象」そのものなのだから、計算によって確かに在ると判明したのなら、それはその対象が存在すると言ってよいわけである。「リアルな」という意味ではなく、現に存在するという意味で「実在する」という言葉を使うなら、こうした対象は「実在する」と言ってもよい。フッサールはこうした意味で「実在する（existieren）」という語を用いている。これは英語の exist に当たり、「存在する」と訳してもよいのだが、英語の be 動詞に当たる sein と区別して「実在する」と訳されることも多い。自然数のような対象はまさに計算によって見つかるようなものが問題になっているのだから、そうした種類の対象が「存在する」・「実在する」というときにそれが目に見えたり特定の場所で空間的に発見されるようなことを想像する方がおかしいのだ。計算の結果見つからないような数と違い、「最小の完全数」や「最小の素数」、「28と26の最小公倍数」や「2の10乗マイナス1」のような数たちは計算すれば見つかるのだから、そうしたものとして確かに存在するのである。このことをフッサールは、「判断の妥当性」から説明する。「最小の完全数は10より小さい」のような判断は真である。さて、「私の妻は数学者である」とか、「太陽系の第十惑星は地球よりも大きい」といった判断が真だと主張しながら、「でも私には妻はいないんだけどね」、「本当は太陽系に第十惑星は存在しないけどね」と語っていたらおかしなことになるだろう。もしそうした判断で問題となっている当の主語の対象が存在しないのであれば、それについて「数学者である」とか「地球より重い」という述語が成り立つ、そうした対象がそもそも存在しないわけである。そうした場合にその判断が「真である」というのは意味を為さないから、判断が真であると主張するのであれば、当然その主語の指示する対象は存在しなければならない。それゆえ、もし「最小の完全数は10より小さい」のような判断を「真である」と考えるのならば、その主語の指示する対象である「最小の完全数」も存在しなければおかしいだろう。そして、この判断は自然数上の計算によって機械的に確かめることができるのだから、これが真であることを疑う理由はない。重ねて言うが、こうした対象が感覚によって我々に与えられたり、こうした真理に対応する事実が世界のどこかに空間的時間的位置を持って生じている必要はない。この判断は数学的な判断なのだから、数学的な計算や証明によって決着をつければよいのである。だから、真なる数学的判断の意味論的値として、その限りでイデア的対象が実在すると考えることに何ら不思議な点も神秘的な点も存在しない。この意味でのプラトニズムは、どこか宇宙の果てや天空の彼方にイデア的対象が発見されると述べているわけではないからである（真理概念から捉えられたこうしたプラトニズムは、いわゆる「フレーゲのプラトニズム」とも共通する洞察を含んでいる。フレーゲのプラトニズムについては金子 2006, pp. 16-32 を参照）。

同様に、フッサールは物のような単純な対象だけでなく、物と物との関係や、物が性質を持ったり何かが生じたりといった「事態」のような複雑な対象も認めている。それは、先にも述べたように、文を主語にして複合文を形成した場合、その意味論的値はしばしば事態であるからである。「かつ」や「または」のような単純な文結合子であれば要素となる文の意味論的値は真理値でよいが、「信じる」、「望ましい」といった述語が文に適用される際には、その意味論的値は真理値では済まされない。「三角形の内角の和は一八〇度である」とは信じているが、「すべての自然数は四つの平方数の和で表される」とは信じていない人はたくさんいるだろう。しかし、後者はラグランジュの定理と呼ばれる証明可能な数学的真理であり、両者の真理値は共に「真」である。それゆえ、もし「私は三角形の内角の和が一八〇度であると信じている」のような文の構成要素である「三角形の内角の和が一八〇度である」といった部分文の意味論的値が真理値ならば、「三角形の内角の和が一八〇度である」と「すべての自然数は四つの平方数の和で表される」の意味論的値は同じ「真」でなければならない。もしそうなら、文の真理値は意味論的値によって決まるのだから、前者の代わりに後者を代入した「私はすべての自然数は四つの平方数の和で表されると信じている」も真でなければならない。しかし、この理屈でいけば、何かひとつでも真なことを信じている人は、他の任意の真理もすべて信じていることになってしまう。しかし、もちろん誰しも自分の知らない真理など世界にいくらでも存在するだろう。つまり、こうした違いを正しく説明し、文が主語となる判断の妥当性を説明するためには、そこで問題になっている主語文の指示対象、すなわち意味論的値は真理値よりもきめの細かいものでなければならない。フッサールが述べていたように、我々が信じたり望んだりするものは大抵の場合「事態」であり、それは同じ真理値を持っていてもこうした文ごとに異なる事態なのである。このように、フッサールの対象概念の広がりは「意味論的値としての対象」、それが問題となっている判断の真偽を正当に説明するためのもの、という要求によって貫かれているのである。こうした論理学的な対象概念は、『論理学研究』の時期だけに特有のものではない。一九〇一年の『論理学研究』第二巻から十年以上を経た一九一三年の『イデーン』第一巻においても、フッサールは「あらゆる可能な対象、すなわち論理学的に言い換えれば可能な真なる述定の主語であるもの」と述べているからである (Hua III/1, p. 15、『イデーンI・I』p. 66)。

ここでようやく、本書第一章第二節においてフッサールが「不定の対象」について語っていたことの意味を明らかにすることができる。フッサールは、特定の対象についての志向性だけでなく、「何か」が動いた、とか「何か」が飲みたい、といった作用も志向性を持つと考える。しかし、こうした特定の対象がないものまで「それは不定の対象への志向性なのだ」と言ってしまうのは屁理屈ではないだろうか。対象が決まっていないのであれば、それはある対象についての志向性を持つ、とはもはや言えないのではないだろうか。そうではないのである。志向性は、その真偽を調べる手続きという仕方で特徴づけられる。「何かが動いた」と思ったとき、この真偽にとっては動いたものが何であったかはどうでもよい。しかし、だからといって真偽の定まる条件が決まっていないわけではない。この信念は、自分の知覚した範囲で動いたと言えるような物体の移動があったとき、そのとき真になるのであって、それがないときには偽とされる。つまり、条件を満たす対象の範囲が単に広いだけであって、どのようなときに真となり、どのようなときに偽となるのかという条件は明確に定まっている。「何かが飲みたい」も同様である。この志向的対象は水なのかお茶なのかコーラなのかビールなのかが定まっていないという意味では不定だが、しかしそうした「飲料」が与えられたときに欲求が満たされ、そうでないときには満たされないという意味でその充足の条件が定まっている。本書が描いた志向性とはこうした条件と手続きの連関であって、こうした「不定の志向性」にその点で何ら問題はないのである。

だが、こうした対象が「現実の対象」、「本物の対象」だとなぜ言えるのだろうか。準同型定理によって、意味論的値は他のものでも代用できてしまうのだった。知覚にせよ計算にせよ他の何らかの方法にせよ、一定の手続きによって我々が「対象」と思われるものに到達したとして、それが本当の対象だとなぜ言えるのだろうか。我々の経験が客観的な現実の世界の、本物の対象そのものにきちんと関わっているとどうして言えるのだろうか。フッサールの志向性の議論は結局、「我々が対象だと思っているもの」についてしか語れないのではないだろうか。それは「我々が対象だと思い込んでいるもの」でしかなく、本当の本物の対象はそれとは別にある、というような事態は起こり得ないと、いったいどうして言えるのだろうか。

その答えは、「本物の対象」という正解が、我々の経験とは別に世界の側で勝手に決まっているわけではないからである。もし、世界と我々の主観を共に俯瞰するような神の視点から、我々のあずかり知らぬところで勝手に「本物の対象」なるものが決められており、我々は自分の経験だけを頼りにその本物をなんとか見つけようとする、というモデルで我々の認識を考えるなら、確かに本物の対象が経験とは無縁なところにとどまり続けることもあるだろう。

しかし、我々にとっての「対象」とはそのようなものではない。既に確認したように、「奇数の完全数であるような最小の自然数」や「最小の完全数」といった表現で我々が考えているのは、まさにその意味であるところの手続きによって計算されるもののことである。本当はそうではないもの、計算によって見つかった6ではないものが本物の「最小の完全数」かもしれない、と言われても、「いや、我々が考えている最小の完全数とはこういうものなので」としか答えられないだろう。これは、「本当の偶数はじつは2で割れないかもしれない」という想定が馬鹿げているのと同様である。「本当の偶数」もなにも、我々は2で割れるもののことをそう呼ぶのだから、そうでないものを「本当の偶数」などと言われても、それはそもそも我々の言う「偶数」とは違うものでしかない。我々に用があるのは2で割れる方の偶数であって、そうでないものはお呼びではないのである。

同様に、「会社の最寄駅の西口のコンビニの裏に回ったところにできた新しいイタリアンのお店」について会話している人々にとって用があるのは、「会社の最寄駅の西口のコンビニの裏に回ったならば知覚できるような、そこに辿り着いて入店できるようなお店」でしかあり得ない。「本当の対象」はそうした経験とは別のところに、あるいはそうした経験を超えた背後に、じつは未知あるいは不可知のものとして存在しているのだ、と言われても、それは我々の話しているイタリアンのお店ではない。我々は我々が知覚し、そこに辿り着き、食事ができるお店の話をしているのであって、そうした仕方で得られるのではない「本当の対象」などというものには最初から用はない。我々は我々が経験するものの話をしているのである。

　私がこの原稿を書きながら、「早く原稿を書き終えてビールが飲みたい」と考えるとき、確かにその欲求を抱いている段階では目の前にはビールはない。ビールは心の中に思い浮かべられているだけである。しかし、私が欲しているのは心の中のビールのイメージやビールの表象などではなく、本物のビールである。「本物の」というのは、知覚や行為のような我々の経験とは別に世界の側に勝手に用意された正解のことではない。私が欲しているのは、「私が飲めるビール」なのである。だから、我々が手続きに従って充実化を実行し、対象を直接に手にする直観を得られたならば、それこそが「本物の対象」であり、それ以外の自称「本物」になど用はない。そもそも我々は、単に思い浮かべられたものや予期されたもの、知覚したと思ったがじつは錯覚や幻覚であったものと「本物の対象」の違いを、「よく確かめてみたらじつは違った」という仕方で学ぶはずである。我々は、自分の経験とは別に設定された「本物の対象」などという概念を一度も学んだことはないはずである。本物の対象と単なる主観的な思い込みとは、経験の中で区別されるのである。それゆえ、我々がそれについて考え、我々が経験する対象は、紛れもなく本物の対象そのものである。この関わりを可能にしているのが、これまで考察してきた「志向性」という我々の経験の構造なのである。

終章

「現象学」は何をするものだったのか

本書の議論を通じて、我々の生と知の持つ「志向性」という性格がどのように成立しているのか、我々の思考がいかにして対象そのものへと関わることができるのかがかなりの程度明らかになったのではないかと思われる。本書のタイトルである『フッサール 志向性の哲学』というテーマはこれで語り尽くしたと言ってしまってもよいのだが、物足りない想いを抱えている読者もいるかもしれない。本書では、フッサール自身が自分の哲学のプロジェクトを名指すものとして積極的に用いていた「現象学」という名称の意味についてほとんど強調してこなかった。それと関連して、フッサールの志向性の理論が「対象」そのものに関わるものであるという点にまだ納得し切れていない人もいるかもしれない。こうした点について最後に簡単に触れておくことにしよう。本章は「現象学」というプロジェクトの大枠についての話になるので、これまでの章以上に抽象度が高く、やや上級者向きであることをお断りしておく。

確かに、フッサールの「現象学」は、しばしば「意識の学」、「主観性の学」という受け取り方がなされている（新田 1992, p. 19）。もちろんこれは理由のないことではない。「現象学」という名称で言う「現象」とは、通常の科学が言う「物理現象」とか「経済現象」といった意味での「出来事」や「事態」を素朴に意味しているわけではない。むしろ、そうした出来事やそこに登場する様々な対象が、それを目撃し、あるいはそれについて思考する我々の意識のうちに「現れてくる(erscheinen)」というその「現れ(die Erscheinung)」を指している。この「現れ」はフッサールの邦訳ではしばしば「現出」と訳されているが、フッサールはこの「現出」と「現出者(das Erscheinendes)」とを区別して対比的に用いている(たとえばHua XIX/1, p. 360、『論理学研究3』p. 146)。「〇〇者」という言い方も哲学の文章には頻出するが、これは要するに「〇〇」という部分に対応する動詞の主語に当たるものを意味している。たとえば、「教育」というのは「教える」という行為ないし活動であって、それを行っている主語である「教師」は「教育」ではなく「教育者」である。同様に、「現出」というのは意識に現れ出てくる「こと」であって、その際に現れ出てくる主語にあたる「対象」は「現出」ではなく「現出者」である。同様のことは、「存在者」という用語についても言える。我々の周りには机や椅子、本などの多くの物が存在しているが、それらは「存在するということ」ではなく、(「机が存在する」というように)その主語に当たる「存在するもの」である。そのため、こうした物を指すときには「存在」ではなく「存在者」という言葉を用いるのである。我々は日常的にはしばしば「彼は私にとって大切な存在だ」といった言い方をするが、ここでの用語法に従えば正確には「彼は私にとって大切な存在者だ」ということになるわけである。同様に、こうした物を我々が知覚するとき、それらは我々の意識にのぼり、我々の意識のうちに「現れて」くる。それゆえ、その場合にこれらは「現出者」になるわけである。もちろん、これまでに議論してきたように、我々の経験する対象はこうした「物」である必要はなく、生き物でもよいし数学的対象でもよいし事態でもよく、要するに何でもよい。同様に、「存在者」や「現出者」も、それが存在するとか我々の意識に現れるということが言えるものならば何でもよいわけである。また、「現れ」というと「彼は結局パーティーには現れなかった」のように「その場に姿を現す」という意味で受け取られるかもしれないが、これまで議論してきたように対象の現物がその場に直接現れていないときにも、我々の作用すなわち志向的体験は当の対象そのものに意味を介して関わっている。つまり対象はそれについて考えているときにはいつでも、その意味では意識にのぼってきているのであり、その意味で意識に「現れて」いる。それゆえ、ここで言う「現出者」はつまり「対象」すなわち「志向的対象」のことであると考えてよい。

こうした意味での「現れ」を現象学が研究するのならば、それは客観的な物事や出来事そのものではなく、それが我々にどう受け取られたか、という主観的な印象の話に過ぎなくなるようにも思われる。じっさいフッサールは『イデーン』第一巻の中で、「自然な世界の全体を括弧に入れる」と語り（Hua III/1, p. 65、『イデーンI－I』p. 140）、「我々の自我とその体験する働き」に対して「反省」を遂行すると述べている（Hua III/1, p. 69、『イデーンI－I』p. 151）（ただしこの箇所は直接にはまだ「心理学的な反省」について語っており、このあとリアルな心的存在者としての解釈を排除して初めて「現象学的な反省」が実現される）。『論理学研究』第二巻初版においては「現象学は記述的心理学である」（Hua XIX/1, p. 24、『論理学研究2』p. 250）と語られていたし、リアルな心理学的解釈を避けるようになった『イデーン』期に刊行された第二版においても「体験」の「「純粋」記述」という文言は残されている（Hua XIX/1, p. 23、『論理学研究2』p. 25）。すると、やはり現象学は「対象」や「存在者」のような客観的なものには関係しないのではないか、「意識」や「体験」の主観的な記述にのみ専念するのではないか、という疑念が拭い切れない読者もいるだろう。本書ではこれまで志向的な作用が「対象」そのものに関係するということがいかにして成立するのかを述べてきたが、こうした解釈は「現象学」というプロジェクトに対するフッサールの説明と整合しないのではないか、というわけである。

権威に訴えるわけではないが、そうした懐疑的な読者にまずは安心してもらうために述べれば、フッサールの「現象学」がしばしば「意識の学」、「主観性の学」と受け取られていると指摘している先に挙げた箇所に続く論述の中で、新田義弘は「これこそフッサールにおいて働いていた存在者の存在と意味への問であり、この存在の問が現象学全体の方向を規定する根本的問として現象学を動機づけていることを見落としてはならないのである」と述べ、さらに「この存在の問を問い抜くために意識が主題化されているのである」と述べている（新田 1992, pp. 21-22）。つまり、確かにフッサールの現象学は意識を主題とするが、それはまさに「存在者」の存在について考察するためであって、存在者を排除して「主観の側」、「意識の内部」といったものだけに閉じこもるためではない（同様の指摘として、Sokolowski, 2000, pp. 11-12）。

では、なぜ意識を主題化する現象学によって対象や存在者についての知見が得られるのだろうか。

そのことを十分に議論する余裕は本書にはもはやないが、ここではそのための鍵となる概念として「超越論的」という用語の意味について簡単に触れておきたい。フッサールは『イデーン』第一巻において、自らの現象学を「超越論的現象学」と呼んでいる（たとえばHua III/1, p. 198、『イデーンI－II』p. 101）。それが「超越論的」であると言われるのは、さしあたりフッサール自身の説明では、それが「超越的なもの」のまさにその「超越」が構成されるゆえんを論じるからである。作用の対象そのものは多くの場合意識を「超越している」ということは既に第三章第六節で論じた。対象は我々の意識に現れるが、しかし「意識の中に与えられているものは対象のすべてを尽くしてはいない」ということがまさにその対象の本質的な在り方として同時に理解されているような仕方で、意識には現れ切らず、意識を超えているという仕方でまさに意識に現れるのである。そして、こうした「超越的なものを客観的に妥当な仕方で認識することの本質と可能性」に関わるがゆえに現象学は「超越論的」と呼ばれるのだとフッサールは言う（Hua III/1, p. 228、『イデーンI－II』p. 146）。つまり、現象学は単に意識の側にだけ関心を持ち、意識を超えたものについては無関心なのではなく、意識を超えた「対象」についての客観的な認識をまさに問題にするがゆえに「超越論的現象学」と呼ばれるのである。現象学が対象の客観的な認識を問題にするということは、何も『イデーン』第一巻において初めて語られたわけではない。『論理学研究』第二巻においても、「客観的なもの」の「それ自体」がいったいどのようにして表象され、それゆえ客観的でありながらある意味ではいわばまた主観的になりうるのはどのようにしてなのであろうか、対象が「それ自体として」存在しつつ、なおかつ認識のうちに「与えられている」というのは、いったいどういうことを言っているのであろうか」という問いを提起している（Hua XIX/1, pp. 12-13、『論理学研究2』pp. 16, 247）。この問題意識が先程の「超越論的」な問いに重なるものであることは見て取れるだろう。こうした対象それ自体の「超越性」と「超越論的」という概念の連関は、本書では踏み込めなかった後期思想に属する著作である『デカルト的省察』ではより明瞭に表現されている。同書の「第一省察」に属する第十一節において、フッサールは「超越論的なものという概念と、超越的なものというその相関概念」について語り（Hua I, p. 65、『デカルト的省察』p. 57）、「この相関関係から生じてくる哲学的な問題は、超越論的現象学的な問題と呼ばれることになる」と述べている（Hua I, p. 65、『デカルト的省察』p. 58）。つまり、フッサールの現象学は一貫して超越的な対象の存在を問う超越論的なものなのである。

本書では深入りする余裕はもはやないのだが、本書を手に取る読者の中には哲学科の学生も含まれていると思われるので、この「超越論的」という概念の由来であるカントの用法についても簡単に述べておく。フッサールは自身の立場をカントの「超越論的観念論」とは区別しており、我々の経験との関わりから切り離されて「それ自体で存在するもの」として考えられた限りでの「物自体」の概念は拒否している。先にも引いた『デカルト的省察』の「第四省察」に属する第四十一節では、自身の立場は「少なくとも限界概念として物自体の世界の可能性をオープンにしておくことができると信じるカント的な観念論でもない」（Hua I, p. 118、『デカルト的省察』p. 156）と明言されている。このために、たとえば谷徹『意識の自然』（1998）第Ⅰ部第五章のように、フッサールの「超越論的」という概念の由来をカント以外に求める研究者もいる。もちろんカントとフッサールの枠組みには大きな違いがあるのは事実であるし、谷のような主張に異論があるわけではないのだが、以下に述べるような意味で、同時にカントの用法を確認しておくことにも十分な意義があると思われる。それは一言で予告しておけば、「対象の可能性の条件」の認識という意味合いがカントとフッサールに通底していると思われるからである。

カントは、『純粋理性批判』第二版の序論中（B25）で、

> 私は、対象に関わるというよりもむしろ対象一般についての我々の認識の仕方に、その認識の仕方がアプリオリに可能であるべき限りにおいて、関わるようなあらゆる認識を「超越論的」と名づける。（カント 2005a, p. 132）

と述べている（この定義には文法的に解釈の分かれる争点がいくつもあり、上記の訳は唯一の訳し方というわけではない。基本的な争点の整理については久保 1987 を参照。また久保や私の解釈と異なり「一般」を「関わる」の方に係る副詞として読むべきと主張する興味深い解釈として細川 1994 がある）。ここではカント解釈に深入りする余裕はないが、対象についての我々の通常の認識ではなく、我々が対象を認識する「仕方」についての認識が超越論的な認識と呼ばれていることは確認できる。現象学もま

た対象を認識する経験の「仕方」に関する認識であったから、まずはこの点にフッサール現象学との共通性を見て取ることができるだろう。そして、フッサール現象学の志向性の理論が特定の対象についてたまたま成り立つような特殊な経験の仕方ではなく、およそ一般に我々が対象について思考するということがそもそもいかにして可能なのかを明らかにしようとしていたのと同様に、カントの言う「超越論的」な認識もまた対象「一般」についての認識の仕方に関わる。哲学史的な背景を説明しておけば、カント以前の伝統的な形而上学は神・宇宙・魂という特殊な対象を扱う特殊形而上学（神学・宇宙論・心理学）に対して、およそ存在するものである限りにおけるあらゆる存在者を一般に扱う部門を「存在論」と呼んでいた（久保 1987, pp. 216-218）。カントは伝統的形而上学の考える意味での「存在論」をそのまま受け入れるわけではないものの、「対象」や「存在者」というものがそもそも一般にどのようなものなのか、それらについてそもそも一般にどのようなことが言えるのか、という意味での「存在論」に関わる認識を超越論的と呼んでいる、ということは言えるだろう。その限りにおいてこの点でも、新田の言う「存在者の存在と意味への問」としての超越論的現象学にカントの言う「超越論的認識」もまた大いに共通性を持つ。「アプリオリ」というカント理解の上では極めて重要な用語についてここで深入りする余裕はないが、それがどのような対象であるのかを観察したり実験したりして経験的に調べてわかることではなく、経験する前から一般的に言って必ず成り立つこととしてあらかじめわかるようなことを「アプリオリな認識」と呼ぶ、という程度の理解でここでは十分である。本書の一頁の紙のサイズがどれくらいの大きさなのか、という問いにはじっさいに本書を見たり計測したりして経験的に調べるしかないが、本書の一頁がそもそも何らかの空間的な広がりを持つ、ということはそれが本の頁である以上調べる前から当然言える事であり、そうでなければそこに文字を配列することができないのだから、経験に「先立って」、アプリオリに認識することができるわけである。カントはこうした「対象一般」について「アプリオリ」に言えるような存在論的な認識の可能性について、我々の認識の「仕方」という主観的な枠組みを調べることで答えようとしたわけである。なぜこれが単なる「認識論」や「主観性の学」ではなく「存在論」に関わる認識であることができるのかと言えば、それはカントが「「経験の可能性」の条件は一般に、同時に「経験の対象の可能性」の条件でもある」(A158/B197)(カント 2005a, p. 358)と考えているからである。要するに、我々の「経験」がどのような条件のもとで、どのような仕方で可能になるのか、というその必要条件は、同時に「対象」がそれとして成立することが可能であるための必要条件でもある、つまり「経験の条件」は同時に「対象の条件」でもあるということである。もしそうなら、そもそも対象である以上、あらゆる対象は一般にその「可能性の条件」に従っていなくてはならない。それゆえ対象の可能性の条件が何であるのかがわかれば、対象について一般に成り立つと必然性を持って言えること、すなわち「存在論」の言えることが得られる。そしてじつは我々の「経験の可能性の条件」こそが同時に「対象の可能性の条件」でもあるのだから、「我々が対象を経験する際にどのような枠組みでそうした経験が可能になるか」という「経験の可能性の条件」を調べれば、それが同時に存在論にもなっているわけである。

それゆえにカントは対象が一般に時間空間形式や「カテゴリー」と呼ばれる論理的概念といった「我々の経験の枠組み」に即したものでしかあり得ないことを主張したのである。以上の概略はもちろん専門のカント研究者にはいろいろとお叱りを受けるだろう極めて大雑把なものではあるが、しかしフッサールがなぜ「意識の志向性の研究」である現象学が同時に「超越論的」現象学であると考え、それゆえ存在者の存在の問いに答えるためにそれが必要であると考えたのかを明らかにするための下敷きとしてはそれなりの役割を果たすのではないかと思う。

フッサールにおいてもまた、経験の可能性の条件は対象、あるいは存在者一般の可能性の条件である。いやむしろ、我々の経験から切り離された「物自体の世界」の可能性を認めないという先に触れた意味においては、フッサールにおいてこそより強い意味においてそうである。だが、いったいなぜそのようなことが言えるのだろうか。我々の経験の仕方は我々の感覚器官や身体のつくり、脳の構造などの偶然的な事情によって制約されたものであり、そうした制約は単に「我々の側の主観的な条件」に過ぎないのではないだろうか。我々は原子や素粒子のようなあまりに微小なものは肉眼で見ることはできないが、しかしそのことはそうした微小な存在者が存在すること、物質がそうした微小要素から構成されて存在していることを何ら妨げるものではない。あるいは別の例を挙げれば、カントをはじめとしてかつての哲学者たちの多くは三次元のユークリッド幾何学が成り立つようなものを「空間」として考えていた。確かに我々が空間的な構造を把握する際の直観の枠組みはそのようなものと考えるのが自然ではあるだろう。我々は四次元以上の空間を三次元空間と同様の仕方では見たり描いたりイメージしたりすることができないし、また非ユークリッド幾何学のような「曲がった空間」を三次元ユークリッド空間上の曲がった図形としてしかイメージできないかもしれない。しかし相対論やそれ以降の様々な現代物理学の知見が明らかにしたのは、我々の住んでいるこの宇宙の基本的な空間構造はむしろ三次元ユークリッド空間と考えるべきではない、ということではないだろうか。ここでも、我々が空間をどのように把握しているかという主観的な条件は、本当の宇宙空間がどのような構造になっているかという存在論的な条件とは異なるのではないだろうか。それゆえ、経験の条件は単に経験の条件でしかなく、対象一般の条件や存在者一般の条件とは言えないのではないだろうか。そうだとすれば、我々の経験の構造をいくら現象学が分析しても、そうした主観の側の事情によっては存在者の存在についての客観的な認識は何も得られないのではないだろうか。

もし「経験の条件は同時に対象の条件でもある」ということでこのようなことが意味されているなら、もちろんそのテーゼは誤りであろう。しかし、フッサールが超越論的現象学のプロジェクトにおいて考えていたのは、おそらくそのようなことではない。本書の前章までの議論を思い出そう。いかなる存在者であれ、我々がそれについて考えるためには、それがどのような形でアクセス可能なものなのか、それを直接に与える経験とはどのような種類のものなのか、それについての主張はどのようにして確証ないし反証されるのか、といった手続きないし手続きの分類基準の把握によって、その対象について考えるための意味が確保されなければならないのであった。それこそが志向性の構造だったわけである。不在のもの、抽象的なもの、イデア的なもの、いかなる種類の存在者であれ、それについて語り、それについての志向性が成り立つためには、たとえいま目の前にその姿は見えていなかったとしても、その対象についての様々な主張を確証したり反証したりする可能な様々な経験とのあいだに正当化の実践という繋がりがなければ、つまりそうした語りがいかなる経験によって正当化されうるものなのかということすら皆目見当がつかないというのならば、それはそもそも「何かについて語っている」と言うことすらできないだろう。もちろん、そうした経験はいわゆる知覚的な経験による直接の検証である必要はなく、複雑な推論や計算を経たものであってもよい。しかしとにかく、何らかの経験による正当化の可能性ということと結びついていなければ、我々は何かについて語り、何かについて思考し、およそ何かについて知る、ということができないのである。そうであるならば、先程例に挙げたような現代の物理学が語る対象でさえ、その例外ではない。

このことは、素粒子についての語りを日常的に小さな物体を見るときの経験になぞらえて理解してしまうとか、相対論的な時間や空間の概念を日常的な時間や空間の見方に押し込めてしまうといったことを意味しているのではまったくない。そうではなく、むしろ科学がそうした知見に到達したということは、我々人類は科学の歴史の中で何らかそうした日常的な枠組みには収まらないものを「経験」したわけである。物理学者たちがある種の対象についての主張の正当化を行う中でそれまでの枠組みが不整合をきたしたからこそ、相対論や量子論といった大きな概念的枠組みの変更が行われたわけである。それは、「経験」一般から離れたということではない。科学が実証を重視するものである限り、それは「いかなる場合に正当化される主張なのか」という正当化の実践から決して離れることはない。量子論以降の物理学が考える極微小の世界であっても、そこでの対象についての主張がどのような場合に正当化されるものなのか、という手続きや分類基準を科学者が放棄することはない。本書で議論してきたような最も広い意味における「経験」一般として考えるならば、それはつまりそうした対象についても正当化の「経験」との繋がりにおいて志向性が確保されている、ということである。

もし、そうした志向性の成立のための「経験」との繋がりすら一切絶ってしまうのなら、我々はもはやそうした「存在者」について語るすべを持たないし、それはもはや我々にとっての「対象」ではない。そうしたものを「対象」や「存在者」や「客観」、あるいは「外界」、「物自体」といった言葉で考えてしまうのは、前章でも述べていたように混乱に基づいている。そうした「存在者」を経験とは無関係なものとしてまず立てておき、それと我々の主観や意識とのあいだに場合によっては志向性の関係が結ばれる、しかし関係が結ばれなくとも存在者がそれ自体として存在することにとっては何ら支障はない、というようにイメージしてしまうのは、自分があたかも自分の主観から脱け出し、世界と自分とをいわば神の視点から眺めることができるかのように錯覚する誤解である。かつてカントは『純粋理性批判』第一版の「第四誤謬推理」の中で、「超越論的実在論」は却って「経験的観念論」に帰着してしまい、むしろ「超越論的観念論者」こそ「経験的実在論者」

であることができる、という交叉配列について語っていた（A369-370）（カント 2005b, pp. 120-122）。本書ではこのことのカントの枠組み内での意味を検討する作業に踏み込むことはできないが、フッサールの枠組みにおいても結果的に同じような交叉配列的な事情を語ることができるだろう。経験についての超越論的な構造を語る際に「実在論的」、つまり経験と無関係にまず実在というものが確固としてあると考えてしまうと、むしろ我々が経験するものは決して実在ではない、我々の経験は観念の世界に閉じこもっているに過ぎない、という「経験的観念論」に陥ってしまう。だがむしろ、「対象」とか「存在者」というものはそもそも我々にとって経験される対象、我々に認識されるもののことなのだ、というある意味で「観念論的」な見方を受け入れれば、そこではむしろ我々が経験しているものこそが「存在者そのもの」、「対象そのもの」であるという「経験的実在論」を主張できる。「対象それ自体」であれ「存在者それ自体」であれ「物自体」であれ何であれ、我々はそれを無意味なうわ言として語るのでないならば、その意味を自分自身の経験の内部で学んだはずである。我々は「まっすぐな棒それ自体」と「プールに刺さった曲がって見える棒の見え方」の違い、「本物のトラ」と「張りぼてのトラ」との違い、本当の対象そのものとその様々な見せかけについての違いを自分の経験の中で学ぶのであり、その双方が「どのようなものか」ということを自分の正当化の経験との繋がりにおいて学ぶしかない。そうであるなら、存在者や対象というものを「経験を超えた向こう側にあるもの」と考えるのはそもそもおかしいのである。経験とのいかなる関わりも持ちえないものについて我々は有意味に語ることも考えることもできないのであり、それは「考えることはできるが確実なことは知れない」といったこととは決定的に異なっている。そもそも志向性の構造の中に入ってこれないのだから、それは我々にとって「無」でしかないのである。これは、我々が現に経験していないものは無だ、という主張ではない。たとえば、我々は自分が気づかないうちに病魔に蝕まれていることがあるし、地球からはるか遠い天体に知的生命体が存在する、ということも考えうる。気づいていない病魔や発見されていない知的生命体は経験されていないのだから存在しないのだ、と主張するのであれば、もちろんそれは愚かなことだろう。ここで述べているのはそうではなく、いまだ経験されていないものだとしても、それが「じつは存在していた」と言えるのはいったいどのようなことが経験される場合なのか、という仕方で可能な正当化の経験との結びつきを持っていなければならない、ということなのである。この意味において、およそあらゆる存在者は一般に、それが存在者である限りにおいて我々の可能な経験の仕方とのあいだに結びつきを持ち、それゆえその在り方は経験の条件に制約されているのである。もう一度繰り返すが、それはたとえば量子論や相対論の語るような日常的な経験を超える存在者を素朴な日常的経験の範疇に押し込めようとするものではなく、むしろそうした理論の内部で、そうした存在者がどのような正当化の実践によって取り扱われているか、という科学者の実践に即した仕方でそれらの存在は問われねばならないということを意味している。いずれにせよ、我々はいかなる存在者について語る場合であれ可能な正当化の経験との繋がりによってそれを語るしかない。それゆえに存在についての語りは一般に、「我々には一般にいかなる正当化の経験が可能であるか」という経験一般の可能性の条件に制約されているのである。こうした仕方で存在者の在り方についての存在論的な認識を「超越論的」な仕方で、我々の経験の仕方についての構造分析として行うプロジェクトが、「超越論的現象学」なのである。

では、なぜフッサールは世界の「括弧入れ」のようなことを語り、あたかも存在者や対象の領域を放棄して意識の内部だけに閉じこもるかのような印象を与えてしまうのか。それは、我々が通常、世界の在り方についての様々な信念を持っており、経験の構造について語ろうとする際にもついそれらを前提し、様々な先入観を混入させてしまうからである。先に「超越論的実在論」として語ったように、我々はつい「外側」の世界から感覚器官を介して意識の「内側」に入力が入ってくるといった空間的なモデルで認識を考えてしまうし、そこに対象からの因果的刺激のようなものを前提してしまう。あるいは、「心」や「魂」のような実体を物体に並ぶようなものとして安易に想定してしまうし、あるいはロッツェが指摘していたように、イデア的なものを何か「物」のようなものとして想定し、神秘化してしまう。そうした様々な枠組みを無批判に前提することをやめるためには、そうした様々な対象が本当に存在しているのか、それらが我々の思っているような因果的な働きかけなどを本当にしているのか、といったことをすべていったん「括弧に入れ」、前提しないことにしておかなければならない。そのための操作が有名な「エポケー」であり、「現象学的還元」なのである（現象学的還元については正確にはもう少し複雑な事情があり、また解釈も分かれるところであるが、本書ではもはや立ち入れない）。そうした前提をすべて排除したとしても、本書第四章第二節において議論したように、我々は自分がどのような意味で考えているのか、その最終的な当否はともかく、自分が何を考えているのかということ自体は自分で意識できている、という明証をもっているわけである。フッサールが「意識」について語るのは、そうした自分自身の経験に対する特殊なアクセスの在り方と、そうした仕方で知られる経験の中身について語るためであり、そこに「心」・「魂」の実体化やそれらと「物」との異同といった形而上学的な前提や、内側と外側といった空間的なイメージを無批判に混入させてはならない。そうした制約の中でも、我々は経験の「意識」の側から「超越」について語りうるということを既に見た。つまり、心が何か容器のような実体としてあり、対象はその外に容器を「超えて」存在しているがゆえに超越的なのだ、といった前提を置かずとも、我々が「いま知られている」ことは対象のすべてではなく、対象についてさらなる経験によって別のことが知られうる」という仕方で対象について考え、そうした仕方で自分の経験というものを捉え、経験の進展というものをそのように組織化して理解している、ということは意識の側から語りうる。それゆえにこそ現象学は、「超越的なもの」の存在を語ろうとする「超越論的現象学」を目指しながら、意識や体験の記述という特徴づけを自らに与えることができたのである。

こうした視点から、有名な「ノエシス-ノエマ」の概念についても簡単に触れておこう。より詳しくは、付論と読書案内で言及した文献を読んでいただきたい。『イデーン』第一巻第八十五節においてフッサールは、我々の志向的体験つまり作用を構成する実的な要素として、「ノエシス」ないし「ノエシス的契機」と「ヒュレー的与件」ないし「素材」という二種類のものを区別する(Hua III/1, pp. 192-194、『イデーンI-II』pp. 92-96)。「契機」という言葉が用いられていることからもわかる通り、ノエシスはその部分だけを単独で取り出せるようなものではない。我々の体験は様々な感覚やイメージを素材としてもっているが、それを「何らかの対象についての思考として」成立させるのが意味の働きであった。こうした、志向性の内容を構成する意味的な要素が「ノエシス」であり、その単なる素材として含まれている感覚などが「ヒュレー的与件」である。要するに、志向的体験の中に実的に含まれる体験の側の意味的な要素を「ノエシス」と呼んでいるわけだ。そして、志向的体験はそれが「志向性」を持った体験である以上、「何についての体験なのか」というその対象が存在する。しかしこれまでに議論したように、その対象は実在するとは限らない。それでもその志向的体験は「何かを」経験するものであるはずなので、その体験が「何を」対象としているのか、といういわば目的語に当たるものが体験には備わっているはずである。しかしもちろん、こうした対象は一般には超越的対象であることが多いので、その当該の体験の実的な構成要素ではない。それゆえ、この「何を」、「何について」の「何」はノエシスとは区別されなければならない。他方、これは実在するにせよしないにせよノエシスによってしかじかのものとして想定された限りでの対象だから、ノエシスの中身にぴったり対応する意味的な内容を持っている。こうした、ノエシスと相関的に考えられた志向的対象に相当するものが「ノエマ」であるとさしあたり言ってよい(富山 2014, p. 245)。単純化して言えば、要するに本書でこれまで議論してきた『論理学研究』

の枠組みで言う「意味」と「対象」に当たるものが、『イデーン』第一巻では「ノエシス」と「ノエマ」と言われているわけである。「意味」と「対象」は手続きとそれによって得られる結果という関係であり、ぴったり対応する意味的な要素など対象の方には含まれていなかったはずではないか（だからこそ同じ対象を異なる意味で指示できたのではなかったか）と思った読者がいれば、それはここまでの議論をよく理解してくれており、完全に正しい。しかし、意味論的値の役割を果たすものとして「対象」概念を考え、そして付論と読書案内で述べるように内包的文脈を含むような枠組みを考慮すると対象には意味的な要素を織り込まざるを得なくなるという事情があり、ノエマには意味が刻み込まれているのである。このために、ノエマを対象ではなく意味、つまりフレーゲ的に言えば意義（Sinn）に相当するものとして理解しようとする解釈者も存在する。しかし、ノエマというのは作用が「何についてのものなのか」という志向的対象に当たるものを対象の実在を前提せずに、つまり現象学的な視点で眺めたものであり、これとは別のものとして何かその彼方あるいは背後に「本物の対象」があるかのように考えてしまうことは、先に述べた「超越論的実在論」に陥ることである。フッサールの議論はそうはなっておらず、むしろ我々がなぜ「本物の対象」に経験の中で関わっていると言えるのかを説明するものであることは既に論じた通りである。それゆえ、ノエマとは別のものとしてどこかに「本物の対象」があるわけではない。このように捉えるならば、フッサールの「超越論的現象学」がまさに「超越論的観念論」という仕方で「経験的実在論」を守っていることがわかるだろう。このことを可能にしたのが、本書で議論してきた志向性の構造なのである。

付論と読書案内

最後に、本書で十分に議論し切れなかったこと、本書では紹介し切れなかったことについて参考文献を挙げておきたい。本書の性格上、まったくの初心者への入門書としても哲学を学ぶ学生への概説書兼研究書としても読めることを意図しているため、ここでも初心者向けの入門書案内から（準）専門家向けの先行研究案内までを含んでいることを断っておく。

まず、本書と前後して読める入門書として、本書の著者である私自身も共著者として参加していた植村玄輝、八重樫徹、吉川孝（編著）、富山豊、森功次（著）『ワードマップ現代現象学――経験から始める哲学入門』（新曜社）を挙げておきたい。この本の第四章「志向性」は私の担当であり、それゆえ本書とも重なる部分を多く含んでいる。本書では踏み込めなかった外在主義と現象学の関係についても簡単に触れており、そこでの議論に関心を持った読者は拙論「現象学は外在主義から何を学べるか」（2017）や「現象学の二つのノルマ」（2019）を参照していただきたい。両者ともにいわゆる学術論文の体裁をとってはいるものの、本書を読み終えていただいた読者ならば拙稿はさほど苦労なく読めるのではないかと思う。この両者に限らず、本書で書き尽くせなかった様々な論点について、ぜひ拙稿をいろいろと読み進めていただければ望外の喜びである。なお、前者はhttps://www.jstage.jst.go.jp/article/philosophy/2017/68/2017_155/_article/-char/ja/、後者はhttps://sites.google.com/site/husserlstudiesjpn/journal/vol16?authuser=0からPDFをダウンロードすることができる。

この他の定評のある入門書としては、谷徹『これが現象学だ』(2002)、田口茂『現象学という思考』(2014)、ダン・ザハヴィ『フッサールの現象学』(2003)、ステファン・コイファー、アントニー・チェメロ『現象学入門』(2018)などがある。最初に挙げた谷のものは新書であり最もとっつきやすいだけでなく、本書が省略した「現象学的還元」や「ノエシス－ノエマ」など、様々なフッサール独自の概念を避けずに解説した硬派な入門書でもある。次に挙げた田口のものは具体的な経験に即して哲学の議論を進めるという現象学の基本精神に忠実に、ごくごく日常的な経験を例に取りながら「自明性」という視点で様々な現象学的概念を解説した野心的な入門書である。ザハヴィのものは入門書というよりはやや硬派な解説書と言うべきかもしれないが、重要な概念や議論のポイントを丁寧に解説している。最後のものはフッサールに限らずハイデガー、メルロ＝ポンティ、サルトルらを含め、そうした古典的な現象学の伝統から現代の認知科学との関係にまで説き及ぶ意欲作である。やや難しい部分もあるかもしれないが、心理学・認知科学から現象学に関心を持った読者や、身体性の問題に関心を持つ読者には一読する価値があるだろう。

本書はフッサールの現象学を解説したものではあるが、「現象学」とは何なのかということは終章以外ではほとんど強調しなかった。この点については先に挙げた『ワードマップ 現代現象学』や同書をめぐる『フッサール研究』第16号の諸論考をぜひ参照していただきたいのだが、一言で言えばそれは世界の在り方についての天下り的な前提の拒否と徹底した「現場主義」にある。我々の認識や志向性の在り方を説明するというと、まず世界にどのように対象が存在しており、それらが世界の中の人間にどのように作用して認識が起こるのか、ということをいわば俯瞰的に、世界と人間とを第三者的に眺め渡すような視点から語ってしまいがちである。現象学とはそうした傍観的な視点ではなく、我々がじっさいに認識の現場でどのような実践を行っており、そこで我々に経験され、我々の意識に「現れて」くるのはどのような景色なのか、ということに徹底して基づこうとする姿勢を意味する。「現象学的還元」についても様々な解釈があり、ここで深入りすることはできないが、まずは実在の世界についての前提から認識を説明するのではなく、我々にとって何が意識され、経験されているかということを純粋に見て取ろうとする姿勢に関わることだと思っていただければまずは様々な文献を読むことはできるだろう。その中で納得のいく解釈をぜひ探していただきたい。なお、ここで言う世界の在り方についての前提の中には人間の心についての前提も含まれていることを申し添えておく。現象学は心や魂といった実体の存在やその仕組みや構造についての前提から出発するのではなく、我々がどのような意味の理解に基づいて対象を経験しているのか、という意味理解の透明性の明証から出発するのであり、あらゆる「対象」はそれと相関的に考えられていることは本文で議論した通りである。

本書では、対象を与える手続きのようなものとして「意味」を捉え、対象が不在の場合でもその「意味」の把握によって対象への志向性の関係が成立することを明らかにしてきた。ただし本文でも述べたように、「もし成功裡に実行されれば対象を与えるであろう」手続きを把握し、それを用いて対象への志向性の関係を持つことは、即座にそれを実行しようとする意図を含むわけではないし、したがって対象がじっさいに与えられるだろうという予期を含むわけでもない。じっさいフッサールは『論理学研究』第六研究において、「志向は予期ではない」と（しかも隔字体で強調しつつ）明言している（Hua XIX/2, p. 573、『論理学研究４』p. 57）。ここでフッサール自身が挙げている例で言えば、家具の下に隠された絨毯の模様が見えている部分と同様に続いていることを志向しているとしても、だからといって我々は家具をどかそうとは思わないし、どかす機会が来ると予期してもいないのである。本文ではこのことをプログラミングにおける「遅延評価」、すなわち値が必要になるまで関数の値を評価しないという戦略になぞらえて説明した。しかし、じつは遅延評価を行うには通常はある条件が必要である。たとえばHaskellはプログラミング言語の中でも遅延評価を基本とする代表的な言語であるが、それが可能なのはHaskellが基本的に「参照透過性」を持つからである（たとえばLipovača, 2012, pp. vi-vii）。プログラミングの知識のある読者ばかりではないと思われるので、日常的な例に置き換えて説明しよう。ある対象に言及した際、それをいますぐ充実化しなくともあとで必要になった時に充実化すればよいと言えるのは、あとで充実化しても当初と同じ対象が得られることが保証されている場合である。たとえば子供がある夜に父親から「あっちに見えるのが月だよ」と月を指さされたとしよう。しかし子供は眠かったので、明日起きてからその月とやらを確認すればよいか、と思ったとしよう。すると、子供は翌朝起きてから、「あっちに見えるものがその対象だったな」と考えてその方角を見るわけである。しかし、もちろんその頃にはもう月はそこにはない（ちなみにこのことをもって言語による真理の説明不可能性を語るのが仏教の「指月のたとえ」である）。プログラミングにおいても、あとから計算しようとしたときに他の変数の値などの環境が変わってしまっていて、評価する時点によって関数の値が変動してしまうようでは遅延評価はできない。このような変動が起こらないことを「参照透過性」と呼ぶわけである。さて、既に月の例で明らかなように、一般に我々の用いる言語は参照透過性を満たさない。フッサール自身は、知覚による補助という枠組みでこの問題に対処しようとしている。つまり、たとえば「これ」と口にした場合にそれがどの対象を指しているのかはもちろん「これ」という語の言語的意味だけでは決まらず、いま目の前にどのような光景が広がっており、どれを指しているか、といった知覚内容を補ってやらなければならないわけである（プログラミングの比喩を続けて言えば、これは発話時の知覚内容を織り込んだ関数クロージャを考えることに相当するだろう）。こうした対処によってある程度の解決は見込めるが、しかし知覚内容のような意識に与えられた要素だけでは指示対象の決定には不十分ではないか、という議論が現代の言語哲学において提出されている。つまりフッサール的な解決策では参照透過性を確保できないというわけである。そのことを示す事例には様々なヴァリエーションがあるが、総じていわゆる「外在主義」の挑戦として提示されて来たものである。フッサール現象学の立場からこの論点にいかなる応答が可能であるかに関心のある読者は、この付論と読書案内の第二段落で挙げた拙論をぜひ参照していただきたい。なお、本書では立ち入る余裕がなかったため本文では触れなかったが、話し手の意図に基づいてフッサールの意味付与作用を理解しようとする解釈と、意味のイデア性についての批判というふたつの論点は、ダメットと並んでじつはデリダを仮想敵のひとりとしている。本書ではフッサールの主張に十分理解可能な眼目があることを強調したが、もちろんデリダの議論が無価値だと主張するつもりは毛頭ない。関連するデリダの興味深い議論については、まずは高橋哲哉、『デリダ』(2015)の明晰な解説、とりわけ第二章のエクリチュール論と一五六―一六二頁における主体とイデア的同一性の脱構築の議論を参照することをお勧めする。

広く知られた「ノエシス-ノエマ」の相関構造についても簡単に触れておこう。ごく大雑把に言えば、「ノエシス」とは我々の心的作用そのものを指し、とりわけその志向的な意味の契機に着目して言われる。「ノエマ」とはノエシスがまさにその意味の契機によって志向しているその対象であり、しかも「どのように志向され、意識にどのように現れているか」という意味的な層を伴った仕方での対象を言う。『論理学研究』では「意味」と「対象」にはっきりと分離され、その関係についても明瞭な理論化が為されていたはずのものが、「対象」の側に意味的契機を埋め込まれた

「ノエマ」が登場し、意味なのか対象なのかが解釈者たちのあいだで論争になるまでに不明瞭になってしまうに至る理由には様々な論点がある。ここでは、「対象」概念の大きな眼目のひとつが意味論的値としてのそれであるからには、いわゆる内包的文脈においては意味的契機を含んだものが意味論的値となるからだ、という点を指摘しておく。つまり、ナポレオンがイエナの戦いで勝ったことは知っているがワーテルローの戦いで負けたことは知らないという人物がいた場合（たとえば私、富山がそうであったとしよう）、「イエナの勝者はナポレオンであるということを富山は知っている」は真であるが、「ワーテルローの敗者はナポレオンであるということを富山は知っている」は偽である。しかるに、「イエナの勝者」と「ワーテルローの敗者」の指示対象は共にナポレオンなのだから、もしこれらの意味論的値が仮に指示対象だとすればこれらは同じ真理値を持たなければおかしいはずである。それゆえ、「かつ」や「または」のような文結合子、「すべての」のような量化子のみから成る外延的な文脈と異なり、知識や信念に代表されるような内包的文脈においては意味論的値は一般には指示対象とはならないのである。フレーゲの場合は、数学の言語を分析の主たる対象としていたために基本的には外延的文脈だけを考慮すればよく、そのため意味論的値は指示対象であったに過ぎない。この事情から、もしフッサールの「対象」概念に意味論的値の役割を担わせようとするなら、そこには内包的な要素、つまりどのような意味によって志向されている限りでの対象か、という要素を埋め込まざるを得なくなる。この辺りの事情については、拙論「初期・中期フッサールにおける意味概念の動揺」（2010）、「フッサール中期志向性理論におけるノエマと地平の意義について」（2013）を参照していただきたい。なお、日本現象学会の学会誌『現象学年報』はhttp://pa-j.jp/pg104.htmlでバックナンバーのＰＤＦをダウンロードすることができる。

では、ノエシス側の意味が対象の側に埋め込まれたものがノエマだとすれば、ノエシスとノエマは一対一対応するのかと言えば、そうではない。我々は同じ意味、同じ作用であるということと、それによって志向された対象の側が同じ対象であるということとを区別できる。たとえば、先の例でワーテルローの敗者がナポレオンであると知らなかった私が後にその事実を知ったとき、「両者は同じ対象だったのか」という信念改訂は起こるが、「両者は同じ意味だったのか」、「両者は同じ心的作用だったのか」という信念改訂は起こらない。このように、我々が何を同じ対象に属するものとして経験しているか、という同一性の組織化という観点からノエマ概念の特異性を分析したものが拙論「フッサール中期志向性理論における「対象」の同一性と「ノエマ的意味における規定可能なＸ」」（2014）である。こちらもＰＤＦがhttps://www.jstage.jst.go.jp/article/philosophy/2014/65/2014_242/_article/-char/ja/で公開されている。なお、これらの議論はノエマ概念を理解するうえで押さえるべき肝となる論点であると私は考えているが、他方ノエマの中に意味的な要素がどのように構造化されて埋め込まれているかという点はこれらの拙論では詳述していない。この点については、榊原哲也『フッサール現象学の生成』（2009）第Ｉ部第五章第二節や、谷徹『意識の自然』（1998）第II部第一章に詳しい。また、本書でも触れたヒンティッカによる可能世界意味論を用いた志向性分析に影響を受け、その路線でノエマ解釈を試みた古典的研究にDavid Woodruf Smith &

Ronald McIntyre, *Husserl and Intentionality: A Study of Mind, Meaning, and Language*, Reidel Publishing Company, 1982がある。また、本書第二章で議論したフレーゲの意味（Bedeutung）の議論については、『小品集』（*Kleine Schriften*）に収録されている論文「意義と意味について」（“Über Sinn und Bedeutung”）が一次文献である。本書では邦訳版『フレーゲ著作集』の訳文を参照したが、松阪陽一（編訳）『言語哲学重要論文集』（2013）にも邦訳が収録されている。トゥーゲントハットの「真理値ポテンシャル」概念は論文“The Meaning of ‘Bedeutung’ in Frege”で提示されたものであり、『理想』第６３９号（1988）の二〇―三四頁に邦訳がある。ダメットのフレーゲ解釈は *Frege: Philosophy of Language* の特に第五・六章で展開されているが、残念ながら邦訳は存在しない。ダメットの解釈を含むフレーゲの意義と意味の理論の体系的な解説としては、まずは飯田隆『言語哲学大全Ⅰ 論理と言語』（1987）の第一章・第二章を読むことをお勧めする。本書第二章第四節で触れた、論理学の「意味論（semantics）」と解釈の確定した言語の「意味論」ないし「意味理論（meaning-theory）」の対比については *The Logical Basis of Metaphysics* の第一章に議論がある。本書では主に『分析哲学の起源』に依拠してダメットのフッサール解釈を検討したが、論文“Thought and Perception: The Views of Two Philosophical Innovators”、“Frege and Husserl on Reference”にもフッサールに関する議論がある。ヒンティッカ自身の志向性解釈は、Jaakko Hintikka, *The Intentions of Intentionality and Other New Models for Modalities*, Reidel, 1975のとりわけ第十章で展開されており、これに相当する内容のドイツ語原稿からの村田純一による邦訳が『現象学の展望』（1986）に収録されている。

フッサールの分析が及んだ様々な分野の中で、本書で扱い切れなかった問題系は無論数多い。その中でも、とりわけ時間論に興味のある読者もいるかもしれない。ここまでに挙げた入門書・研究書の多くでもこの分野は論じられているが、じつは私自身も多少扱ったことがある。拙論「フッサール初期時間論における過去の構成と過去の実在性」(2015) は、本書の問題意識からも連続的に読んでいただけるものと思われる。また、過去だけでなく未来をめぐってもフッサール時間論の専門家である柳川耕平氏と共同で研究発表をしたことがあり、共著での論文を準備中である。

本書ではとりわけ志向性の謎を提示する前半部分で何度かフィクションの対象に言及したが、結論部分ではこれらの対象にあまり言及しなかった。その理由はいくつかあるが、そのうちのひとつは、フッサールの対象概念は真理概念と深く結びついているのに対し、フィクションを留保なしに「真理」と言えるかどうかは議論の余地があるからである。じっさいフッサールは「志向的対象」論文の中で、公理を仮定して成り立つ数学の定理と類比的に、フィクションを仮定して成り立つ虚構的真理について語っている (Hua XXII, pp. 328-329)。つまり、数学の定理が「もし公理が正しければ」という仮定のもとで成り立つのと同様に、「シャーロック・ホームズは名探偵である」のもあくまで「ドイルの小説に書かれていることがもし正しければ」なのである。それゆえこうした虚構的真理は現に真であるわけではないから、判断の妥当性の相関者としてその実在を認められることができない。とはいえ、フィクションのキャラクターについても我々は確かに思考することはでき、それに対して感情を抱くことすらある。また本文でも述べたように、それらのキャラクターについての現実世界でじっさいに真であるような言明も可能であるように思われる（「シャーロック・ホームズはアーサー・コナン・ドイルが生み出した」など）。こうした様々な事情の錯綜するフィクションの対象について本書ではこれ以上立ち入れないが、関心のある読者は倉田剛『現代存在論講義Ⅱ』（2017）第四講義や、（やや高度ではあるが）藤川直也『名前に何の意味があるのか』（2014）第6章を参照していただきたい。

本書はフッサールの、とりわけ初期から中期にかけて、すなわち『論理学研究』から『イデーン』第一巻に到るまでのフッサールの志向性理論の基本的な発想のかなり忠実な解説であると私は考えているが、その過程でフレーゲやダメットといったいわゆる分析哲学の議論をふんだんに援用する手法を採っている。こうした手法の偉大な先達として、門脇俊介『フッサール』（2004）、貫成人『経験の構造』（2003）、そしてとりわけ三上真司の三作から成る一連の論文、「フッサールと実在論の問題（Ⅰ）」（1996）、「フッサールと実在論の問題（Ⅱ）」（1997）、「意味・対象・構成」（1998）を挙げて特に謝意を示しておきたい。中でも三上の論考、特にその第三作はダメットやマルティン＝レーフの議論とフッサールの志向性理論の連関をいち早く捉えた先駆的な業績であるという点でいまなお特筆に値する。本書ではその細部に立ち入って検討することはもはやできないが、この実り多き分野を切り開いたその先見の明だけでも語り継がれてしかるべきであろう。また、こちらも本書では立ち入った検討を行う余裕はなかったが、佐藤駿『フッサールにおける超越論的現象学と世界経験の哲学』（2015）もまた分析哲学の議論に非常によく通じた、私と同世代の研究者の手による力作であることを申し添えておく。また、本書は『論理学研究』の議論に通底する根幹となる考え方を掘り下げて解説し、同書のテクストに挑もうとする読者にとって有益な橋渡しであるとは自認しているが、『論理学研究』という書物のじっさいの構成、そこでフッサール自身が語っているプロジェクトについては逐一忠実な解説はしていない。こうした点については、こちらも私と同世代の研究者による周到な研究、植村玄輝『真理・存在・意識』(2017)を挙げておく。

無論のこと、この限られた紙幅での案内では触れられていない重要な文献も数多い。幸い、既に挙げた『ワードマップ 現代現象学』を刊行した際、私を含む多数の研究者の手で執筆した充実したブックガイドを現在もウェブ上で読むことができる。http://socio-logic.jp/events/201708_phenomenology.php をぜひ参照していただきたい。

あとがき

フッサール現象学の根幹にある（と少なくとも私が考える）考え方を志向性の哲学としてできる限り明瞭な仕方で再構成し、しかもそれを一般読者や初学者にも理解可能な形で嚙み砕いて提示するという大仕事をようやくここまで完遂することができ、大いに安堵している。本書は二〇一五年三月に東京大学に提出し、二〇一六年一月に博士（文学）の学位を授与された博士論文「フッサール初期・中期志向性理論における意味と対象」が元になっている。とはいえ本書は、そこで展開したフッサール解釈を開陳することを目的とした研究書でありつつ、一般書・入門書としても広く読んでもらえるよう、文章は全面的に一から書き下ろしたものである。その理由はひとつにはもちろん広く一般の読者に読んでいただき、フッサール現象学や哲学への入門に役立てていただきたいという教育的な目的にあるが、他方でまた、自分自身の理解を深めるという純粋に哲学的な理由でもある。具体的な事例に即して概念の明瞭な説明と論証構造の明確な整理によって（時間と労力が許すならば）任意の平易さまで噛み砕くことができないならば、それはしばしば自分自身もその内実を理解していない、慣れ親しんだ専門用語の単なる器用な口真似に過ぎないということが哲学の議論には往々にしてある（もちろんこれは「必要に応じて」かつ「正確さを犠牲にしないために必要な前提となる概念や論証の明確化に付き合う労力を自分も相手も厭わなければ」の話であって、平易な語り方をしていない研究者は全員理解が浅いというような単純な話ではない）。自らの経験に照らし、絶えず経験の現場に立って哲学しようとする現象学の徒であるからには、時間と労力と、そして紙幅の許す限り噛み砕いて自身の理解を確かめる必要があるだろう。そのために本書では多くの具体例を挙げているが、それは説明の便宜のためだけでなく、そもそもの現象学の思考の進め方そのものでもあるのである。

博士論文の執筆に到るまでの学習・研究はもちろん、その後本書の執筆に到るまでに研究を進める過程で当然ながら多くの方のお世話になっている。本書冒頭の「人はひとりでは生きていけない」という言葉は、単に説明の便宜のために掲げた言葉ではなく、私自身の偽らざる実感でもある。そのなかでも榊原哲也先生には、卒業論文の主題にフッサールを選び、勉強を始めたばかりの学部四年生の時からお世話になり、修士課程四年間、博士課程四年間に及ぶ長きにわたってしまった大学院生時代を通じて指導教員を務めていただいた。もちろん博士論文の主査でもある。先生と私は哲学研究のスタイルに大きく異なる点もあるが、テクストの原文にきちんと寄り添い、そこに記された一言一句の手掛かりをおろそかにしないこと、そして具体例に絶えず立ち返り、抽象的で図式的になりがちな議論が具体的にはどういうことなのかを絶えず吟味するということ、このふたつを大切にする姿勢は先生から受け継いだものである。指導教員という立場ではなかったものの、高山守先生にも学生時代大いにお世話になった。高山先生も具体的にはどう考えるべきかを常に重視される方であり、またカントを中心とするドイツ古典哲学への理解と関心を育んでいただいたのも先生からの学恩である。本書では深入りすることはできなかったが、フッサール、そしてハイデガー以降の現象学の理解を深めるためにも、カントやドイツ観念論の哲学の理解は決して軽視し得ないものであると思う。「先生」として教えを受けたわけではないものの、フッサール研究の大先輩である田口茂さんにも大変にお世話になっている。田口さんには私が修士論文を書き終えてフッサール研究会で初めての研究発表を行った頃から幾度となく発表を聴いていただき、好意的な評価と共に大いに励ましていただいた。その後も日本学術振興会特別研究員（PD）の受入先を引き受けていただいたり、博士論文の副査を務めていただいたほか、科研費の共同研究にも呼んでいただき、様々な分野の科学者との共同研究という刺激的な場に連れ出していただいた。

私の学生時代の学びは、必ずしも「先生－学生」という一対一の教育だけではなく、原典講読の演習や学生同士の自主的な読書会における近い世代の先輩方、同世代の友人、そして意欲ある優秀な後輩たちとの議論によるところも大きい。出身研究室の直接の先輩として、岩本敦さん、坂間毅さん、滝沢正之さんのお名前を挙げさせていただく。岩本さんは私が哲学専修課程に進学した頃に数理論理学の勉強会を主催してくださり、ゲンツェン式のツリースタイルによる自然演繹の証明図の描き方を手解きしていただいたあと、Enderton の教科書を使って一階述語論理の意味論の数理的な取り扱いをみっちり仕込んでいただいた。おかげでその後も同書を自分で読み進めたり、他の本で論理学を勉強することに支障がなくなり、分析哲学の議論を理解するうえでも大いに助けになった。坂間毅さんは最も近い世代のフッサール研究の先輩であり、同じく数学や論理学、分析哲学に関心を持たれていたこともあり、一緒に様々な勉強会をしていただいた。なかでも証明論の勉強会等でカット除去定理や正規化定理を学んでおいたことはダメットらの議論を理解するうえで大いに役立ったし、あとでお名前を挙げる山田竹志さんらと共に様相論理や圏論の勉強会をしたことも記憶に残っている。圏論やラムダ計算、型理論などの初歩を勉強し始めたのも学部生の頃であり、当時はまだ今のように哲学・思想界隈では圏論はさほど知られていなかったが、この頃から触れていたおかげで現在田口さんたちとの共同研究でも大いに役立っている。坂間さんは残念ながら哲学研究の道は退いてしまわれたが、もし本書が彼に届くことがあればぜひ感想を聞いてみたいと思っている。滝沢正之さんはカント研究者であるがカントを専門としない後輩にも大変面倒見のよい先輩で、彼を中心とするカント読書会にも様々な専門分野の後輩が集まり、読書会本編のあとにカント以外の文献を読んだり、修士論文の原稿検討合宿など、多岐にわたる仕方でお世話になった。自分の専門外の後輩の論文でも狙いを汲み取って内在的に議論を読み、建設的なアドバイスをする姿勢とテクニックは滝沢さんから学ばせていただいたと思っている。

同世代の友人としては、植村玄輝さんと八重樫徹さんのお名前を挙げないわけにはいかないだろう。同じフッサール研究の分野でもそれ以外の分野でも精力的に活躍する彼らの多産ぶりは私にとってはまさに「畏友」と言うべきもので、彼らからの刺激がなければ私の研究ははるかに怠惰なものになっていただろう。私よりも後輩にあたる研究者としては、葛谷潤さんと松井隆明さんのお名前は外せない。彼らは私の研究成果を熱心に読んでその哲学的なポイントを大いに評価してくれ、それを消化して自分の研究を進めるという仕方で私の様々な成果を継承してくれた。自分の研究がどの程度読者に響いているのかというのはなかなかわかりづらいものであるが、お二人の存在は大変に心強く大いに励みになるものであった。他方お二人とも大変に優秀であると共にこちらが迂闊なことや不明瞭なことを言えば直ちに問い質さずにはいられない哲学的誠実さの持ち主であり、お二人の目がなければ私の研究ははるかに粗雑で弛緩したものになっていただろう。

本書の成立に直接のご尽力をいただいた方々として、まずは本書の企画段階から執筆期間の前半までの担当編集者であった加藤峻さんと、そして加藤さんの異動後に担当編集者になっていただいた永井愛さんのお名前を挙げさせていただきたい。加藤さんには博士論文やこれまでの様々な発表物を見ていただいた上で「わかりやすい」・「面白い」と評価していただき、本書を一般向けの入門書としても読めるような形で出版する後押しをしていただいた。私の遅筆のために加藤さんの在職中に刊行することができず、大変な不義理をしてしまったが、本書が加藤さんのお眼鏡にかなうものになっていれば幸いである。また、私を加藤さんに紹介してくださった先輩の大谷弘さんにも感謝申し上げる。永井さんには担当を引き継いだもののなかなか進捗の見えない執筆者のせいで大変など心配をお掛けしたが、粘り強く励まし、完成まで導いていただいた。葛谷潤さん、酒井泰斗さん、佐藤暁さん、富山泰斗さん、山田竹志さん、綿引周さんには本書の初校ゲラを読んでいただき、様々な角度から有益なコメントをいただいた。とりわけ富山さんと山田さんには全編にわたって詳細なコメントをいただき、誤字脱字の訂正から内容に踏み込んだ議論の改善に到るまで、多くの点で貢献していただいた。特にハンプティダンプティ理論とフッサールとの関係について初稿での主張が明確でなかった点、意味を手続きと同一視する説明に単純化が含まれていることを断っていなかった点、ダメットの議論とライルとの関連についてはダメット研究者である山田さんからのご教示による。

本書序章で「生」と「知」の二側面性について触れたが、研究者の人生というものも必ずしも学問だけで成立しているわけではない。直接に本書の内容に対する学問的な恩義があるわけではないものの、本書の脱稿に到るまでの私の精神的生の支えとして最後に三名の方に感謝を述べたい。まず、ボーカリストでありシンガーソングライターでもある霜月はるかさんに感謝申し上げる。二〇〇八年にその存在を知って以来、十数年にわたってファンとしてその活動に触れてきたおかげで、その作品とお人柄が大いに精神的支えとなっただけでなく、ファン仲間としてたくさんの友人を得ることができた。学問とも研究とも大学とも関係のないところで十年以上にわたり親しく私的に交流できる多くの友人を得られたことの人生における恩恵は、どれだけ感謝しても誇張ということはない。彼女の「Melody Line」という曲の中に「一から始めるのは力が要るけど一つを続けるのはもっともっと難しい」という一節がある。学問、とりわけ自分の成果にどれだけの意味があるのか、読者や学生にどれだけ伝わっているのかをなかなか実感することの難しい哲学という学問に携わり続ける上で、多彩な（そして厖大な）作品に携わりつつも独自の創作の芯を貫き続けている彼女の活動は大いに励みとなっている。続いて、霜月はるかさんと並び私の最も敬愛する歌い手であるホロライブ所属のVTuber、角巻わためさんの名前を挙げさせていただきたい。彼女の代表曲である「My song」という楽曲の中に、「渾身の信念で歌ったって届くわけじゃない」という歌詞がある。自分がどれだけ重要だと思うことを書いても、どれだけ論文や著書の中で言葉を尽くしても、狭い研究者業界の中でさえ、直ちにみんなに理解してもらえるわけではない。どれだけ大切だと思うことを講義で力説したとしても、すべての学生の耳に届くわけでもない（もちろん多くの学生は熱心に聴いてくれてはいるが）。それでも「僕だけの滑走路を証明したいんだよな、そうだろう？」と歌う彼女の優しくも力強い歌声にどれだけ背中を押されたかわからない。霜月はるかさんも角巻わためさんも共に、周囲のクリエイターやスタッフ、ファンへの向き合い方にその誠実さが滲み出るタイプのアーティストであり、「人はひとりでは生きていけない」という言葉で本書を書き始めることができたのは、彼女たちの姿への共感と畏敬に勇気づけられてのことでもある。最後に、本書第四章第二節において具体例にご登場いただいた「顔馴染みのダイニングバーの店主」に感謝申し上げる。この例は完全に私の実話であり、この店は東京都湯島にある「Bar あしあと」である。この店をひとりで切り盛りする店主は霜月はるかさんのファンでもあり、この店を独立開業する以前からの私の友人でもある。研究にせよ執筆にせよ、とかく孤独な作業になりがちな研究者生活の中で、いつふらりと立ち寄っても話を聴いてくれる友人が必ず少なくともひとり（つまり店主）はいるという場所があることの安心感は筆舌に尽くし難い。生身の経験する「生」なくしていかなる「知」もあり得ない。学術書のあとがきという場でありながら、学恩とは異なる感謝を述べさせていただいたゆえんである。なお、本書の執筆に際してJSPS科研費20K12780, 20H00001の助成を受けた。

二〇二三年二月一五日

富山　豊

富山 豊（とみやま・ゆたか）

1981年生まれ。東京大学大学院人文社会系研究科博士課程修了。博士（文学）。専門はフッサール現象学。現在、東京大学大学院人文社会系研究科研究員。共著に『現代現象学：経験から始める哲学入門』（新曜社）、論文に「現象学は外在主義から何を学べるか」（『哲学』第68号）、「フッサール初期時間論における過去の構成と過去の実在性」（『現象学年報』第31号）などがある。

フッサール 志向性の哲学

2023年3月20日 第1刷印刷
2023年3月30日 第1刷発行

著 者 富山 豊
発行者 清水一人
発行所 青土社
101-0051 東京都千代田区神田神保町1-29 市瀬ビル
電話 03-3291-9831（編集部） 03-3294-7829（営業部）
振替 00190-7-192955

装 幀 水戸部 功
印刷・製本 シナノ印刷
組 版 フレックスアート

© Yutaka Tomiyama, 2023
ISBN978-4-7917-7542-2 Printed in Japan

索　引

た行

な行

は行

ま行

ら行

参考文献

1. Husserliana: Edmund Husserl Gesammelte Werke

Husserliana I, *Cartesianische Meditationen und Pariser Vorträge*, Stephan Strasser (ed.), Martinus Nijhoff Publishers, 1950

Husserliana III/1, *Ideen zu einer reinen Phänomenologie und phänomenologischen Philosophie. Erstes Buch: Allgemeine Einfhrungin die reine Phänomenologie, 1. Halbband: Text der 1.-3. Aulage*, Karl Schuhmann (ed.), Martinus Nijhoff Publishers, 1976

Husserliana XII, *Philosophie der Arithmetik, mit Ergänzenden Texten (1890-1901)*, Lothar Eley (ed.), Martinus Nijhoff Publishers, 1970

Husserliana XVIII, *Logische Untersuchungen, Erster Band. Prolegomena zur reinen Logik*, Elmar Holenstein (ed.), Martinus Nijhoff Publishers, 1975

Husserliana XIX/1, *Logische Untersuchungen, Zweiter Band. I. Teil. Untersuchungen zur Phänomenologie und Theorie der Erkenntnis*, Ursula Panzer (ed.), Martinus Nijhoff Publishers, 1984

Husserliana XIX/2, *Logische Untersuchungen, Zweiter Band. II. Teil. Untersuchungen zur Phänomenologie und Theorie der Erkenntnis*, Ursula Panzer (ed.), Martinus Nijhoff Publishers, 1984

Husserliana XXII, *Aufsätze und Rezensionen (1890-1910)*, Bernhard Rang (ed.), Martinus Nijhoff Publishers, 1979

2. Husserliana Materialienbände

Husserliana Materialienbände I, *Logik. Vorlesung 1896*, Elisabeth Schuhmann (ed.), Kluwer Academic Publishers, 2001

3. Husserliana Dokumente

Husserliana Dokumente I, *Husserl-Chronik: Denk- und Lebensweg Edmund Husserls*, Karl Schuhmann, Martinus Nijhoff Publishers, 1977

4. その他の文献

Bell, David, 1990, *Husserl*, The Arguments of the Philosophers, Routledge

Dummett, Michael, 1981, *Frege: Philosophy of Language*, second edition, Harvard

University Press
Dummett, Michael, 1991a, "Thought and Perception: The Views of Two Philosophical Innovators", in Dummett, *Frege and Other Philosophers*, Clarendon Press, pp. 263-288
Dummett, Michael, 1991b *The Logical Basis of Metaphysics*, William James lectures: 1976, Harvard University Press
Dummett, Michael, 1993a, *Origins of Analytical Philosophy*, Harvard University Press
Dummett, Michael, 1993b, "Frege and Husserl on Reference", in Dummett, *The Seas of Language*, Clarendon Press, pp. 224-229
Dummett, Michael, 2006, *Thought and Reality*, Clarendon Press
Enderton, Herbert B., 2001, *A Mathematical Introduction to Logic*, second edition, Harcourt Academic Press
Hintikka, Jakko, 1975, *The Intentions of Intentionality and Other New Models for Modalities*, Reidel
Frege, Gottlob, 1990, *Kleine Schriften*, Zweite Auflage, Ignacio Angelelli (ed.), Georg Olms Verlag
Kant, Immanuel, 1998, Jens Timmermann (ed.), *Kritik der reinen Vernunft*, Philosophische Bibliothek 505, Felix Meiner
Lotze, Hermann, 1928, *Logik*, Philosophische Bibliothek 141, Felix Meiner
Smith, David Woodruf & McIntyre, Ronald, 1982, *Husserl and Intentionality: A Study of Mind, Meaning, and Language*, Reidel Publishing Company
Sokolowski, Robert, 1999, *Introduction to Phenomenology*, Cambridge University Press
Tugendhat, Ernst, 1970, "The Meaning of 'Bedeutung' in Frege", Analysis, 30. 6, pp. 177-189
飯田隆、1987『言語哲学大全 I 論理と言語』勁草書房（なお、2022 年に増補改訂版も出ている）
岩本敦、2005「論理と数学における構成主義——ある議論」飯田隆（編）『論理の哲学』講談社、pp. 118-147
植村玄輝、2017『真理・存在・意識——フッサール『論理学研究』を読む』知泉書館
植村玄輝＋八重樫徹＋吉川孝（編著）、富山豊＋森功次（著）、2017『ワードマップ現代現象学——経験から始める哲学入門』新曜社
エンダートン、ハーバート・B、2020、嘉田勝（訳）『論理学への数学的手引

き』1月と7月
門脇俊介、2004『フッサール――心は世界にどうつながっているのか』NHK出版
金子洋之、2006『ダメットにたどりつくまで――反実在論とは何か』勁草書房
カント、イマヌエル、2005a、原佑（訳）『純粋理性批判 上』平凡社
カント、イマヌエル、2005b、原佑（訳）『純粋理性批判 中』平凡社
キャロル、ルイス、1988、柳瀬尚紀（訳）『鏡の国のアリス』筑摩書房
久保元彦、1987「超越論的批判と形而上学」久保元彦『カント研究』創文社
倉田剛、2017『現代存在論講義 II――物質的対象・種・虚構』新曜社
コイファー、ステファン＋チェメロ、アントニー、2018『現象学入門――新しい心の科学と哲学のために』勁草書房
榊原哲也、2009『フッサール現象学の生成――方法の成立と展開』東京大学出版会
佐藤駿、2015『フッサールにおける超越論的現象学と世界経験の哲学――『論理学研究』から『イデーン』まで』東北大学出版会
ザハヴィ、ダン、2003『フッサールの現象学』晃洋書房（なお、2017年に新装版も出ている）
田口茂、2014『現象学という思考――〈自明なもの〉の知へ』筑摩書房
高橋哲哉、2015『デリダ――脱構築と正義』講談社
谷徹、1998『意識の自然』勁草書房
谷徹、2002『これが現象学だ』講談社
ダメット、マイケル、1998、野本和幸ほか（訳）『分析哲学の起源――言語への転回』勁草書房
照井一成、2015『コンピュータは数学者になれるのか？――数学基礎論から証明論とプログラムの理論へ』青土社
照井一成、2005「計算と論理」飯田隆（編）『論理の哲学』講談社、pp. 184-212
トゥーゲントハット、エルンスト、1988、高橋要（訳）「フレーゲにおける'Bedeutung'の意味」『理想』第639号、pp. 20-34
富山豊、2010「初期・中期フッサールにおける意味概念の動揺」『現象学年報』第26号、pp. 127-134
富山豊、2013「フッサール中期志向性理論におけるノエマと地平の意義について」『現象学年報』第29号、pp. 141-148
富山豊、2014「フッサール中期志向性理論における「対象」の同一性と「ノ

エマ的意味における規定可能なX」」『哲学』第65号、pp. 242-256
富山豊、2015「フッサール初期時間論における過去の構成と過去の実在性」『現象学年報』第31号、pp. 171-178
富山豊、2017「現象学は外在主義から何を学べるか」『哲学』第68号、pp. 155-168
富山豊、2019「現象学の二つのノルマ」『フッサール研究』第16号、pp. 135-151
新田義弘、1992『現象学とは何か』講談社
貫成人、2003『経験の構造——フッサール現象学の新しい全体像』勁草書房
ヒンティッカ、ヤッコ、1986、村田純一（訳）「志向性と内包性——現象学と可能世界意味論」新田義弘＋村田純一（編）『現象学の展望』国文社
藤川直也、2014『名前に何の意味があるのか——固有名の哲学』勁草書房
フッサール、エドムント、1968、立松弘孝（訳）『論理学研究1』みすず書房
フッサール、エドムント、1970、立松弘孝・松井良和・赤松宏（訳）『論理学研究2』みすず書房
フッサール、エドムント、1974、立松弘孝・松井良和（訳）『論理学研究3』みすず書房
フッサール、エドムント、1976、立松弘孝（訳）『論理学研究4』みすず書房
フッサール、エトムント、1979、渡辺二郎（訳）『イデーンI-I』みすず書房
フッサール、エトムント、1984、渡辺二郎（訳）『イデーンI-II』みすず書房
フッサール、エトムント、2001、浜渦辰二（訳）『デカルト的省察』岩波書店
フレーゲ、ゴットロープ、1999、土屋俊（訳）「意義と意味について」黒田亘・野本和幸（編）『フレーゲ著作集4 哲学論集』勁草書房
細川亮一、1994「存在論と超越論哲学——「一般」に定位した『純粋理性批判』への接近」『哲学年報』第53号、pp. 73-102
松阪陽一（編訳）、2013『言語哲学重要論文集』春秋社
三上真司、1996「フッサールと実在論の問題（I）」『横浜市立大学論叢人文科学系列』第47巻第1号、pp. 115-142
三上真司、1997「フッサールと実在論の問題（II）」『横浜市立大学論叢人文科学系列』第48巻第1号、pp. 47-81
三上真司、1998「意味・対象・構成——フッサールと実在論の問題（III）」『横浜市立大学論叢人文科学系列』第49巻第1号、pp. 71-116
Lipovača、Miran、2012、田中英行＋村主崇行（訳）『すごいHaskell——たのしく学ぼう！』オーム社